JN322176

・Reading ・Writing ・Communication

大学1年生のための日本語技法

長尾佳代子・村上昌孝 編
Kayoko Nagao & Masataka Murakami

ナカニシヤ出版

まえがき

　本書はもともと大阪体育大学の初年次教育科目「日本語技法」の教科書として制作されたものである。

　「日本語技法」の授業では、徹底した反復練習によって、大学生として身につけなければならない日本語作文の基礎を身につけることを目標にしている。大学生の日本語作文では、語彙や文法を正しく使えることはもちろんだが、アカデミックな場所のマナーに従うことが重要になってくる。例えば、STAP細胞問題で注目を浴びた「コピペ」の問題がある。「やってはいけないことだと認識していなかった」という言い訳で許されないのが学問の世界だ。「倫理観を学ぶ機会がなかった」と白状しているのも同然だから、指導教員の責任まで問われることになる。他の人の文章を引用する際のルールは難しいものではない。何回か練習すれば、必ず理解して使いこなせるようになる。この教科書では、そのような引用のルールやパターンを具体的にていねいに説明している。

　また、文章を論理的に書くことも非常に大切なことだ。友だちづきあいであれば感性でビビッときてわかりあったり、「まあまあ、まあまあ」とゆずりあったりすることはよくあることだ。しかし、合理的な説明や議論によって主張したり、主張を撤回したりするのがアカデミックな場所での習慣である。だから、学問の世界では、文化や言語の違いを越えて、多くの人々が有意義な交流を行えるのだ。したがって、本書では、「論拠を挙げて述べること」の訓練も重視されている。とくに前半の3部では書く練習を反復することで、論理的に書く技法の初歩を身につけることが意図されている。大阪体育大学の「日本語技法」の授業は、この教科書と同時に配付プリントを使用して行われている。教科書を用いた講義で理論をまず学び、次に、配付プリントに書かれている作文課題に取り組んでその知識の定着をはかるというのが通常の授業の段取りである。本書では、その配付プリントの一部を「第5部　実践」として教科書の中に入れることで、授業での使用はもちろん、授業時間以外の自習も可能になっている。

　この教科書を制作するにあたっては、「日本語技法」の授業を担当している教員たちから貴重な意見が寄せられた。授業を実際に行いなが

ら繰り返し改訂してきた教科書である。いわば、9年間の指導・運営の成果である。「大学1年生のための」とあるが、書かれている内容は大学生活を通じてずっと大切にしていかなければならない考え方の基礎を踏まえている。学生たちは、この教科書を授業で使うのはもちろんだが、ぜひ2年生3年生そして4年生になっても手元に置いて、作文で迷うことがあれば参照してほしい。

2015年3月
大阪体育大学　教養教育センター
長尾佳代子

目　次

まえがき　*ii*

第1部　心構え ——————————— 1
Unit 01　大学とは何か　*2*
Unit 02　高等学校における学習と大学における学問の違い　*4*

第2部　書き方のルール ——————————— 7
Unit 03　大学でレポートを書く際のマナー　*8*
Unit 04　原稿用紙の使い方　*10*
Unit 05　常体で書く　*14*
Unit 06　話し言葉を混入しない　*16*
Unit 07　「思う」で終わらない　*19*
Unit 08　文のねじれ　*20*
Unit 09　呼応表現　*22*
Unit 10　日本語文章におけるくぎり符号の使い方　*24*
Unit 11　外国語の符号は使わない　*27*
Unit 12　自分の文章と他人の文章を区別する　*29*
Unit 13　引用元・引用部分の書き方　*31*
Unit 14　要約のルール　*34*
Unit 15　参考資料の挙げ方・注のつけ方　*37*

第3部　論理的な書き方 ——————————— 39
Unit 16　段落分けを行う　*40*
Unit 17　3部構成で書く　*42*
Unit 18　メモの取り方　*48*
Unit 19　接続語を使う　*50*
Unit 20　問題提起を行う　*52*
Unit 21　根拠を示しながら書く　*53*
Unit 22　事実を客観的に書く　*55*

第 4 部　日常の日本語 ──────────── 57

- Unit 23　敬語について理解する　*58*
- Unit 24　第三者に向けて身内のことを述べる場合の敬語　*62*
- Unit 25　電子的な活字文書の作成　*65*
- Unit 26　改まった手紙の書き方　*69*
- Unit 27　電子メールの書き方　*74*

第 5 部　実　　践 ──────────── 81

- 演習 01　文字の書き方　*82*
- 演習 02　「書き言葉」と「話し言葉」　*87*
- 演習 03　3 部構成の作り方　*90*
- 演習 04　手紙の書き方　*92*

あとがき　*94*

索　引　*98*

本書の演習問題解答例を希望される大学教職員の方は、ご所属明記の上
manual@nakanishiya.co.jp
へお問合せください。本書へのご意見・ご感想および今後の
改訂についてのご要望・ご希望もお待ちしています。

コラム目次

Column 1　書く分量　*10*
Column 2　横書き原稿での数字の書き方　*11*
Column 3　文末表現を単調にしない　*15*
Column 4　「なので」を文頭に置かない　*17*
Column 5　「私は」で書き始めない　*21*
Column 6　重複表現を避ける　*23*
Column 7　文を短く分ける　*23*
Column 8　『　』を使う際の注意　*26*
Column 9　英語論文で使う符号　*28*
Column 10　「。と」は避ける　*35*
Column 11　再引用は避ける　*36*
Column 12　問題提起をする前に　*43*
Column 13　無責任結論を書かない　*43*
Column 14　「でも（ても）かまわない」を使ってみよう　*51*
Column 15　「先生」の使い方　*63*
Column 16　主な敬語動詞一覧表　*63*
Column 17　尊属名詞一覧表　*64*
Column 18　ワープロソフトとDTP　*68*
Column 19　フォントについて　*68*
Column 20　手紙を書く場合の禁則と便箋の取扱い　*71*
Column 21　時候の挨拶一覧　*72*
Column 22　文字の書き順　*83*

第1部
心 構 え

Unit 01　大学とは何か

❶「人間形成の場」としての大学

［1］「学問の場」としての大学

　大学とはまず最初に、「学問の場」である。ここでいう学問とは、既成の知識や理論をそのまま学ぶだけでなく、それらが成立した過程を問い、時には既成の知識や理論を疑い、新たな視点を提起し、知識や理論を更新する営みである。つまり、大学とは「問うこと」を通して知識を学び真理を探究する場であるといえよう。

［2］「専門職への準備の場」としての大学

　今日の大学は「専門職への準備の場」である。それは大学に入学した学生たちが、高度で専門的な知識や技能を有する高度職業人になるための訓練を受ける場という意味である。しかし、大学はたんに職業訓練の場ではない。知的好奇心にもとづき主体的、内発的に活動する場である。

［3］「青春の場」としての大学

　大学は「青春の場」でもある。大学での学問は人々の頭脳を柔軟にし、人々の活動能力を高める。そういう意味で大学は人々の若さを引き出す場であり、若さを謳歌する場である。情熱や感動という感性に向き合うことができる場である。利害関係をこえた友情を育んだり、理想を語り合ったりできる場である。

［4］「自我同一性を求める場」としての大学

　ここまで述べてきたことを総合すれば、大学は、「自我同一性を求める場」となる。自我同一性を求めるとは、「自分は何者か」「自分のめざす道は何か」「自分の人生の目的は何か」「自分の存在意義は何か」など、自己を社会のなかに位置づける問いかけに対して、肯定的かつ確信的に回答できることを求めることである[1]。

［5］「人間形成の場」としての大学

　つまるところ、大学は「人間形成の場」である。人間形成とは、知、情、意の3方面がそろった人格を形成することである。大学で多様な視点を獲得することは、人間形成につながる。それでは、学問をすることと、この人間形成はどのように関係するのだろうか。

---

1) 自我同一性（ego identity）はアイデンティティ、同一性と表記されることもある。その確立は生涯を通しての課題である。しかし、青年期においてとくに重視される課題である。なぜなら「自分とは何か」という自己定義を求める欲求は、とりわけこの時期に強まるからである。一般に、乳幼児期、児童期における経験を基盤として、自我同一性は青年期にひとまず形成される。

❷ 「知」「情」「意」

　人格とはその人の特性の集合である。その特性は多岐に渡る。ここでは、この人格を「知」「情」「意」の3方面から考察してみよう。

［1］「知」とは何か
　「知」とは、状況・問題を的確に把握し、適切な方策を立てる能力である。いわば理解の能力である。それは頭の器用さ、記憶力のよさ、抽象能力、創造力などに関係する。いわゆる知能の面である。それは「手段」を提供する。

［2］「情」とは何か
　「情」とは、事物の価値に対する感受性の能力を指す。それは美的・道徳的・宗教的情操などに関係するものである。いわば感性に関わる能力である。美醜・善悪・尊卑などを嗅ぎ分ける能力である。それは「目的」や「価値」の基準を提供する。

［3］「意」とは何か
　「意」とは、主体的活動の原動力・方向づけ・決断を与える能力である。それは意志、意欲などに関わる。いわば自己統制に関わる能力である。それは「動力」や「決断」を提供する。

［4］学問の営みを成就させるために
　学問を進める上で、確かに「知」は必要条件である。しかし、どこに問題があるのかを嗅ぎ分けるために、また学問の成果の意義を感じるために、そして、学問をすることに喜びを感じるためには、「情」の能力が不可欠である。そして、情の能力により嗅ぎ分けられた主題に対して絶えざる努力を維持するには「意」の能力が必須である。つまり、学問の営みを成就させるためには、「知」「情」「意」の能力すべてが必要となる。そして、この3方面を必要とする学問に真摯に取り組むことは、この3方面の能力を開発することにつながる。

　繰り返すが、学問を進めるためには「知」「情」「意」の3方面が必要であり、また、学問をすることによりこの3方面が育まれるのである。

メモ：

Unit 02　高等学校における学習と大学における学問の違い

❶ 初等教育・中等教育・高等教育

　本書は、大学に入学したての学生諸君に、改めて日本語文章による表現法を身につけてもらう目的で執筆されたものである。
　ここで「改めて」という言葉に注目して欲しい。なにゆえに、改めてなのだろうか。それは大学で求められる文章には高等学校までで求められる文章と違う面があるからである。
　現在の日本の学校教育は、初等教育、中等教育、高等教育の3段階に分けることができる。

[1]　初等教育／中等教育
　初等教育を担う小学校は、いわゆる「読み書きソロバン」および「基本的な礼儀」など、現代社会で生きていく上で最低限必要な知識の獲得と能力の育成を行う場である。
　中学校と高等学校は、高度に複雑化した社会で一定以上の役割を果たすために必要な、実務的な知識の獲得と能力の育成、あるいは、次の高等教育の基礎となる学力の養成を行う中等教育の場である。

[2]　高等教育
　初等教育・中等教育の次の段階である大学は、幅広い学識と多様な視点の獲得、高度な専門的知識と能力の獲得、そして、深く専門の学芸を研究し応用的能力の開発を行う高等教育の場である。
　まず認識してもらいたいのは、皆さんが先日まで所属していた高等学校で受けてきた教育は中等教育であること、それに対し、大学で受ける教育は高等教育であるという点である。

❷ 「学習」と「学問」

[1]　「問う」ことの意味
　中等教育と高等教育では求められる勉学態度がどう違うのだろうか。その違いは、一般に、高等学校までの勉学を学習と呼び、大学での勉学を学問と呼ぶ点に端的に表れる。
　高等学校までの勉学が、「学ぶ」と「習う」を合わせた「学習」と呼ばれるのは、それが既成の知識体系や、問題解決方法を指導者から忠実に学び習得する作業を中心とするからである。それに対し、大学での勉学が、「学ぶ」と「問う」を合わせた「学問」と呼ばれるのは、既成の知識や理論をそのまま学ぶだけでなく、それらの知識や理論が成立した過程を問い、時には既成の知識や理論を疑い、新たな視点を提起し、知識や理論を更新することが求められるからである。
　高等学校までの課題では、与えられた教材や資料について理解したことを報告し、その教

材や資料に対する感想を述べ、調べたことを整理して列挙するだけでもよかったかもしれない。しかし、大学の課題では、「問う」という作業が求められる度合いが強い。

「問う」とは、先にも述べたように、与えられた教材や資料に示された知識や理論に対して主体的な問いかけをすることである。そこでは、どの視点が重要であり、どの部分を議論すべきかを自ら判断することがまず求められる。そして、既成の知識や理論を乗り越え、新たな意見や仮説を提示することが歓迎される。

❸大学で求められる文章とは

このように、高等学校までは主として「学習」が求められるが、大学で求められるものは「学問」である。そのため、大学で求められる文章は、高等学校以前に求められる文章とは異なったものとなる。

[1] 報告文と感想文：高等学校で求められた文章

高等学校までの段階では、①教材を整理要約し、理解した内容を報告する、②調べ学習や観察をして収集した事実を列挙する、そして、③読書感想文を書く際のように体験や教材に対して感じたことをそのまま記す——そのような文章を書くことが重要であった。それは、「学習」の段階では、学習者が教材をいかに吸収したか、吸収していかに変化したかを、指導者は「報告文」や「感想文」を通して確認しようとするからである。

[2] レポートと論文：大学で求められる文章

大学では「レポート」や「論文」と呼ばれる文章が求められる。

「レポート」では、与えられた教材や資料を理解し「学んだ」ことを報告するだけ、あるいは、それに対する感想を述べるだけでは不十分である。そこでは「問い」の要素と、その問いに対する「答え」を根拠を添えて論理的に示すことが重視される。つまり、与えられた教材や資料の中に「問い」となる論点をみつけ、それに対する「答え」を論理的に示そうとする態度、すなわち、学問的態度が求められる。

「論文」では、「問い」とそれに対する論理的な「答え」を示すことが一層強く求められる。論文の執筆は、既成の知識や理論を広く理解して、そこに疑問点をみつけることからはじまる。論文では、疑問点から生じる具体的な「問い」に対する「答え」としての主張あるいは仮説を立てなければならない。そして、文献資料、調査資料や実験結果の分析を根拠として、読み手（とくに意見の異なる人）を論理的に納得させなければならない。

ここでいう主張あるいは仮説とは、ある主題に関する具体的な論点である。それは「問い」に対する「答え」である。その「問い」は事実に照らして妥当性を検証できるものでなければならない。基本的に、論文は「問い」とそれに対する「答え」の見通しを最初に示し、次に論理的な議論を経て「答え」の確認に至るという一定の構造をもたねばならない。なお、

本格的な論文は、調査や実験、資料収集に十分な時間をかけた後に書き始められ、結果的に、字数は 400 字詰め原稿用紙に換算して何十枚にもなる。

> ## Advice
>
> 　ところで、就職試験や教員採用試験、あるいは社会人になってからの昇任試験などでは、1200 字から 2000 字程度の小論文を課されることが多い。これも自分の意見や主張を論理的に述べるもので、構成の基本は「論文」と同じである。小論文と論文では、仕上げるのに要する手間と時間、そして、要求される字数が相当違う。しかし、問題提起をして意見や主張を最初に示し、それを裏づける根拠を論理的な構成で示すという点ではどちらも同じである。
>
> 　大学でのレポートや論文の作成訓練は、そのトレーニングにもなる。

メモ：

第2部
書き方のルール

Unit 03　大学でレポートを書く際のマナー

　このテキストでは、レポート・論文を書く際に必要な日本語文章作成の技術について解説する。その中身を読むと、「こんなにいろいろなルールをおぼえなくてはいけないのか」と思うかもしれない。たしかに、日本語表記に関しては、多少めんどうなルールもある。しかし、すべてのルールは次の大原則のためにあることを忘れてはいけない。

大原則①：読む人に言いたいことが伝わるように書く

　簡単なことのようだが、この大原則をわかっていないな、と思わせる作文が多い。
　この大原則に照らせば、次のルールの必要性もおのずから明らかになるだろう。

- ていねいなわかりやすい字で書く
  - ※楷書で書く　※略字を使わない　※漢字で書くべき字は漢字で書く
- 指定された規格で書く

　字が薄くて読みにくい原稿を読む老眼の教員の気持ちになってみよう。先生が「レポートはA4の用紙に書きなさい」と言っているのに、手元にB5の紙しかないからといってB5の用紙に書いて提出したりしたことはないだろうか。先生の手元にレポートが何十枚、何百枚と集まってきたとき、さまざまな大きさのレポートは、積み重ねるとバランスを崩し、雪崩になって先生を襲うのだ。私は、ある学生がいいかげんにとじたホッチキスの針で教員が負傷したのを目撃したこともある。このようなことで、あなたのレポートの内容が先生に伝わるだろうか。伝わるどころか読む前に拒否されても仕方がない。ちなみに、学生時代に私は「レポートの端をホッチキスでとめた後、折れ曲がった針の先で先生が手をけがしないようにその上にセロテープを貼っておきなさい」と指導された。その先生は日本を代表する国語学者だったが、もちろんホッチキスにテープを貼ることが国語審議会で決定されているわけではない。ようするに、相手の立場になれ、ということだ。
　テーマの決まっている作文のときには次のことも大前提である。

大原則②：問われていることに対して答える

　課題をよく読まずに関係ないことを書き連ねていないだろうか。読者（教員）はあなたの新作を待ち焦がれていたファンではない。尋ねたことへの答えがいっこうに現れなければ、それ以上読んではくれないと覚悟した方がよい。

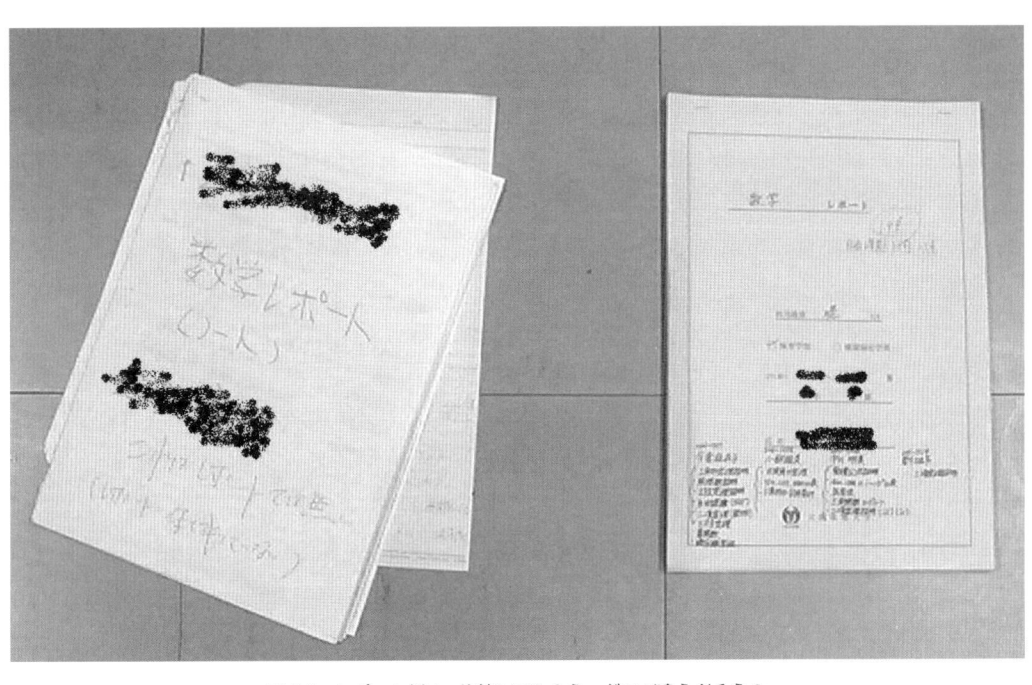

Unit 03　大学でレポートを書く際のマナー

図3-1　レポート例1　比較してみよう。どこが違うだろう？

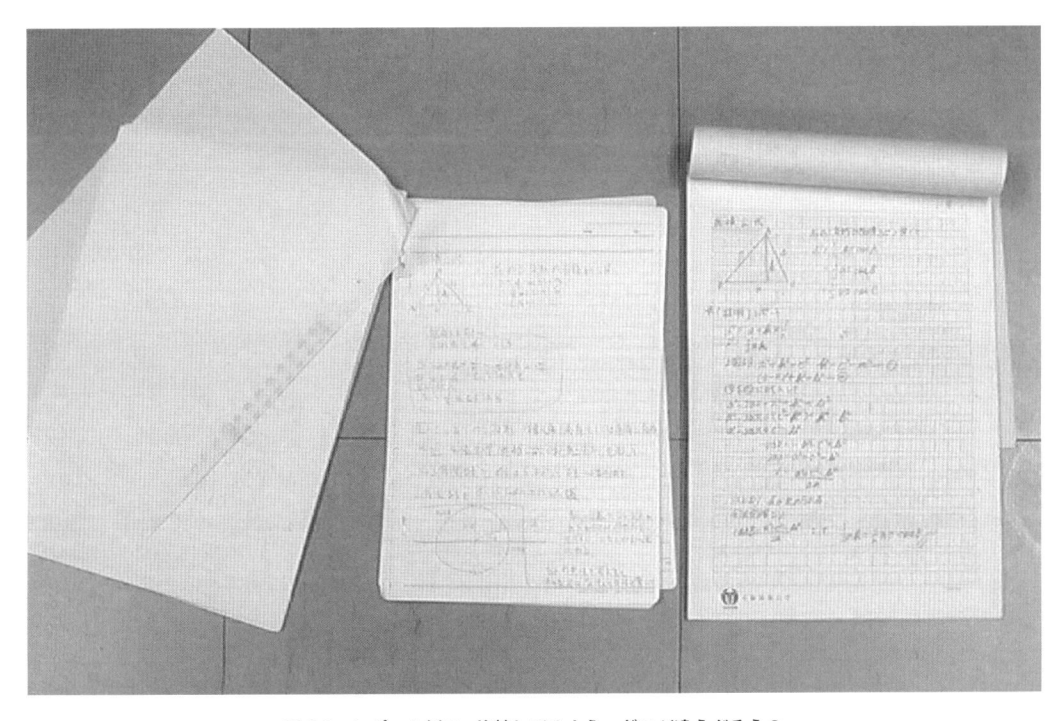

図3-2　レポート例2　比較してみよう。どこが違うだろう？

Unit 04　原稿用紙の使い方

　大学でレポートを作成する場合には、横線だけが入っているレポート用紙を使うことが多いかもしれない。パソコンで作成してプリントアウトしたものを提出するように求められることもあるだろう。文書作成では、その状況によって、さまざまな用紙、様式で書くことが求められる。字数や体裁が定められている場合には、その決まりに従って書くことが必要である。決まりがとくに定められていないときには、常識に従って書いていくことになる。

　文書作成時の一般的な決まりを学ぶには、原稿用紙に書く練習をするのが一番である。20字のマス目が20行ある400字詰めの原稿用紙がよい。原稿用紙の起源ははっきりしないが、その昔、仏教経典を木版印刷した時に20字×10行を1枚としたことだともいわれている。マスの左右（横書きなら上下）に区切られていない細い1行が空いている。これは、いったん書き上げた後の推敲や添削に便利なようにつくられている。基本的なルールについては図4-1（☞12頁）を参照してほしい。とくに、注意する項目を下に箇条書きする。

---

① 題名の上を1行空ける
② 題名の前に2〜3マス空ける
③ 名前の後ろに1マス空ける
④ 段落の最初は1マス空ける
⑤ 行頭では、句読点やとじかっこ、繰り返し符号（々）などを書かない[1]

Column 1　書く分量

　〇字程度、〇字以内……という条件の時には、少なくとも、その数字の8割から9割は書こう。白い部分が目立つ作文は、やる気がないという印象を与える可能性が高いからだ。
　逆に、やる気をみせようと字数を大幅にオーバーすると、読む側の負担になってしまう。〇字程度の場合は、普通1割オーバーまで、最大でも2割オーバーまでで作文を書き終えてしまおう。〇字以内の場合は、1字でもオーバーしてはいけない。

---

1) 文字と符号の役割の違いを理解しよう。文字は実際に発音する。符号は文字の補助・代用に使われる。直前の文字との関係が深い符号は、行頭には書かないというのが原則だ。句読点やとじかっこは、直前の文字に付け加える補助符号だから、行末に添える。繰り返し符号は、直前と同じ文字の代用符号だから、行頭では、しっかり元の字に直して書く。小さいかなは、符号ではなく立派に1文字だから、付録扱いしない。ワープロ文書では、行頭にならないよう禁則処理をされるが、原稿用紙に手書きする場合は、行頭になっても構わない。1マス使って書く。長音符号（ー）は代用符号だから、原則に従えば、行末にぶら下げず、行頭で文字に直して書くところだ。しかし、「ワープロ」の「ー」なら、「ワ（wa）」の母音aを引っ張っている（長母音化している）という意識が働くので、「ー」のまま1マス使って書く。

Unit 04 原稿用紙の使い方

Column 2　横書き原稿での数字の書き方

横書き原稿には、漢数字ではなくアラビア数字を使う。アルファベットやアラビア数字（小数点などの符号も含む）を原稿用紙に書く時には、1マスに2文字入れる。

ただし、以下の場合は例外的に、アラビア数字ではなく漢数字を使う。

① 熟語になっているもの（「不十分」「一番重要」など）
② 訓読みの場合（「一つ」「二つ」など）
③ 概数の場合（「十数人」「何百」「数千」など）

×	大	阪	体	育	大	学	は	約	五	十	年	前	に	設	立	さ	れ	た	。
略	号	は	OU	HS	で	あ	る	。											
○	大	阪	体	育	大	学	は	約	50	年	前	に	設	立	さ	れ	た	。	
略	号	は	OU	HS	で	あ	る	。											

Column 1、Column 2も参考にしながら、図4-1に挙げた「よくない例」（☞ 12頁）を見てみよう。またそれを訂正した図4-2の「正しい例」（☞ 13頁）もよく確認しておこう[2]。

メモ：_____

_____

_____

_____

_____

---

2) なお、12頁と13頁、44頁と45頁で使われている原稿用紙は大阪体育大学の日本語技法の授業でも実際に使われているものである。

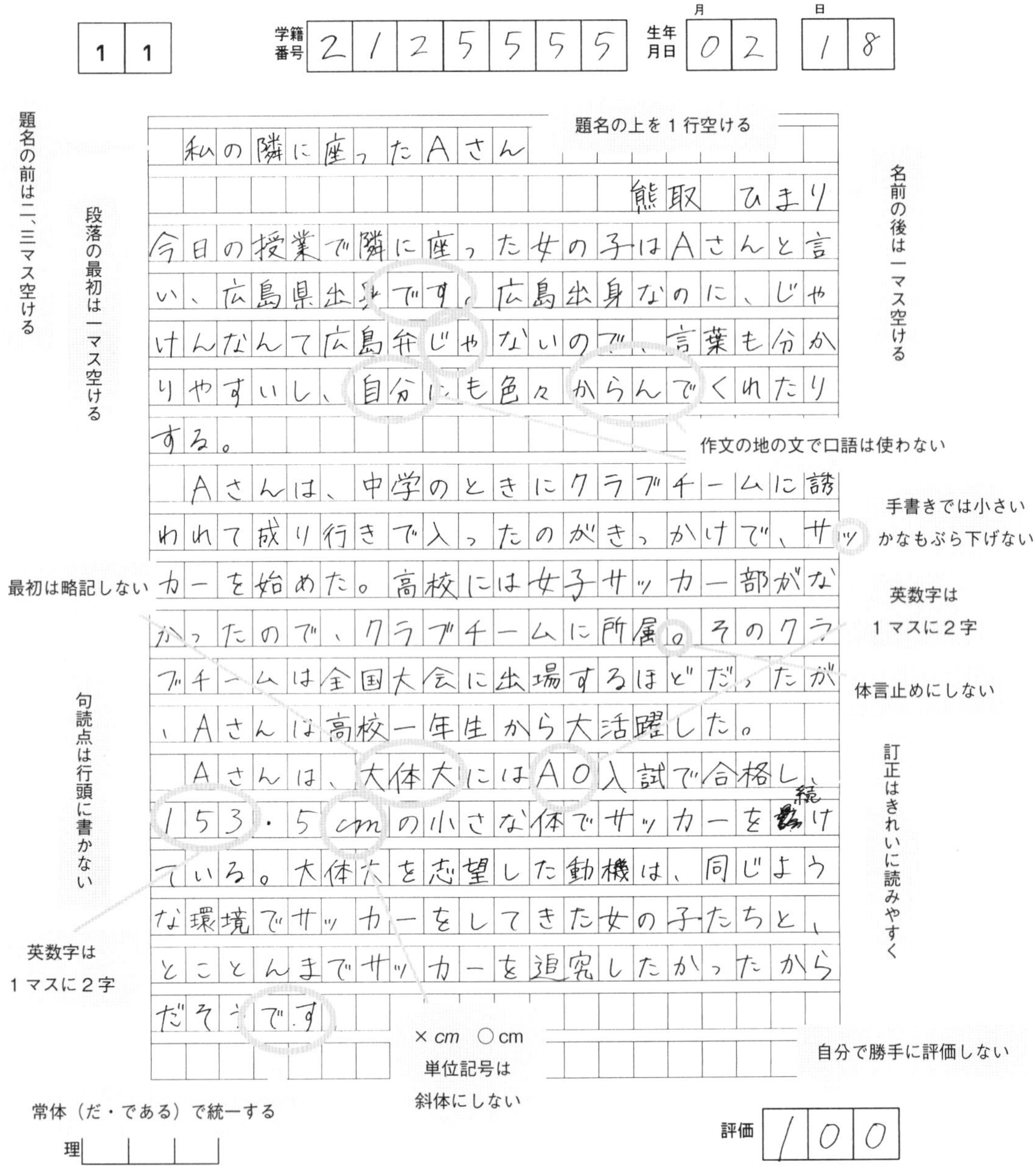

| 1 | 1 |

学籍番号: 2125555　生年月日: 02/18

題名の上を1行空ける
題名の前は二、三マス空ける
名前の後は一マス空ける

　私の隣に座ったAさん

　　　　　　　　熊取　ひまり

　今日の授業で隣に座った女の子はAさんと言い、広島県出身です。広島出身なのに、じゃけんなんて広島弁じゃないので、言葉も分かりやすいし、自分にも色々からんでくれたりする。

→ 作文の地の文で口語は使わない

　Aさんは、中学のときにクラブチームに誘われて成り行きで入ったのがきっかけで、サッカーを始めた。高校には女子サッカー部がなかったので、クラブチームに所属。そのクラブチームは全国大会に出場するほどだったが、Aさんは高校一年生から大活躍した。

→ 手書きでは小さいかなもぶら下げない
→ 最初は略記しない
→ 英数字は1マスに2字
→ 体言止めにしない

　Aさんは、大体大にはAO入試で合格し、153.5cmの小さな体でサッカーを続けている。大体大を志望した動機は、同じような環境でサッカーをしてきた女の子たちと、とことんまでサッカーを追究したかったからだそうです。

→ 句読点は行頭に書かない
→ 英数字は1マスに2字
→ ×cm ○cm 単位記号は斜体にしない
→ 訂正はきれいに読みやすく
→ 段落の最初は一マス空ける
→ 常体（だ・である）で統一する
→ 自分で勝手に評価しない

理　　　　　　評価: 100

図4-1　よくない例

11　学籍番号 21255555　生年月日 月 02 日 18

　　　私の隣に座ったAさん
　　　　　　　　　熊取　ひまり
　今日の授業で隣に座った女の子はAさんと言い、広島県出身だ。広島出身なのに、「じゃけん」などという広島弁ではないので、言葉も分かりやすいし、私にも色々話題を持ち掛けてくれる。
　Aさんは、中学のときにクラブチームに誘われて成り行きで入ったのがきっかけで、サッカーを始めた。高校には女子サッカー部がなかったので、クラブチームに所属した。そのクラブチームは全国大会に出場するほどだったが、Aさんは高校1年生から大活躍した。
　Aさんは、大阪体育大学にはAO入試で合格し、153.5cmの小さな体でサッカーを続けている。大体大を志望した動機は、同じような環境でサッカーをしてきた女の子たちと、徹底的にサッカーを追究したかったからだそうだ。

図 4-2　正しい例

Unit 05　常体で書く

　公的な文書は常体か敬体に統一しなければならない。常体とは、「〜だ」「〜である」などの文体である。敬体とは、「〜です」「〜ます」などの文体である。文章内で文体が統一されていることも必要で、文の途中で文体が変わらないようにもしなければならない。次に、文体が統一されている例とされていない例を挙げる。

> ○ 大学までの道は登り坂ですので、自転車で行くのはよい運動になります。
> ○ 食堂で売っているから揚げ弁当のから揚げはとても大きい。これが学生に大人気だ。
> × 山田君はコーチに腹を立てたようですが、何も言わなかった。
> × 熊取町は泉佐野市の隣です。岸和田からも遠くない。

　名称からの連想か、敬体がていねいで常体はぞんざいだと感じる人もいるようだが、それは誤解である。外国人向けの日本語教科書の説明を読むと、「手紙や会話では敬体、公的な場所では常体を使う」などと書かれている。大学で提出するレポートでは、常体で書くことを習慣にしておけばよい。下に、常体と敬体の使い分けについて、一覧表を挙げる。

表 5-1　常体と敬体の使い分け

常　　体 （だ・である体）	である／ではない／であろう だ／ではない／だろう	であった／ではなかった だった／ではなかった
敬　　体 （です・ます体）	です／ではありません／でしょう ます／ません／ましょう	でした／ではありませんでした ました／ませんでした

Advice

常体と敬体を混ぜて使ってはいけないが、次のような場合は例外である。

× 彼は立派ですと思います。
　⇒　○　彼は立派だと思います。
× こうした練習が有効でしょうと考えました。
　⇒　○　こうした練習が有効だろうと考えました。

Column 3　文末表現を単調にしない

　次の例文を読んで、違和感を覚えないだろうか。

「B君は、中学校の時から野球部で打者として大活躍したのだ。そのため、野球の名門C高校の監督に注目され、推薦で入学したのだ。高校でもB君は才能を発揮し、1年生でレギュラー入りしたのだ。」

　違和感を覚えるのは、文末表現が「……したのだ。……したのだ。……したのだ。」と全部同じになっているからだ。
　それならばと、次のようにするのもよくない。

「……打者として大活躍。……推薦で入学。……レギュラー入り。」

　名詞などの体言で文を終えることを「体言止め」という。テレビのテロップやスポーツ新聞などではよく使われるが、文末表現を省略したものだから、大学の提出物では避けよう。
　文末表現が単調にならないように、体言止めをせず、例文を書き換えると、例えば次のようになる。

「B君は、中学校の時から野球部で打者として大活躍していた。そのため、野球の名門C高校の監督に注目され、推薦で入学した。高校でもB君は才能を発揮し、1年生でレギュラー入りしたのだ。」

メモ：

Unit 06　話し言葉を混入しない

　話し言葉と書き言葉には大きな違いがある。人々に使用されている言語は時間とともに変化する。かつてあまり使用されなかった言葉や言葉遣いも、時代の変化とともに多くの人々に用いられるようになれば、正しいものとして定着する。しかし、公的な文書に用いられる書き言葉はそのような変化に容易に迎合しない。ようするに、公的な文書を作成するときには、やや古い日本語を用いその表記の決まりを守らなければいけないのである。これが書き言葉である。公的な文書は書き言葉の決まりに従って書かなければならない。

　言語環境はその人が暮らしている地域、年齢、社会階層などによって異なる。メールやインターネットのブログや手紙などであれば、話し言葉をそのまま文字に写したような文書でも、それを理解できるような人が読む。しかし、大学のレポートや就職試験の論文や職場で書く報告書などの読み手はそうではない。話をしているときと同じ調子で書いていけば、読み手に配慮しない失礼な人、あるいは、書き言葉を操れない幼稚な人だと思われることになる。たとえば、話し手が自分自身の考えや行動を話すとき「自分は」「僕は」で始めることは、よくある。しかし、これらは書き言葉として広く認められているわけではない。公的な文書を書くときは、原則として「私は」を使う。

　表6-1に、文章に混入しやすい話し言葉の例を挙げるので、作文を書くときには注意してほしい。

表6-1　文章に混入しやすい話し言葉

① 耳で聞いた音と合致しない表記	② 誤用が定着しつつあるもの
●「おはよう」とゆう言葉 ●私わうれしかった ●思ったとうり ●やむおえず	●なので、がっかりした ●全然平気である ●私は納豆は食べれない ●鞄をここに置かさせていただく
③ 新奇な言葉（用法）や方言	④ 略した言い方
●エグイ柔軟体操をやる ●やばい美人 ●しんどかった ※欧米からの外来語以外はカタカナで書かない（ケガ、ムダなど） ※擬声語・擬態語は他の表現で言い換える	●一生懸命にやってた ●「そんな」「こんな」 ●いろんな商品

Column 4 「なので」を文頭に置かない

「なので」は、「心配なのでついてきた」というふうに、文頭には置かないのが本来の用法である。最近の話し言葉では、「心配だ。なので、ついてきた」のように文頭に使う例がしばしばみられるが、大学のレポートではこのような使い方をしてはいけない。

そもそも「心配な」などの形容動詞の語尾に「ので」が連なったものが「なので」である。そのため「な」だけが単独で文頭にあるのをみると、違和感を感じる人が多い。しかし、じつは、現在接続詞として通用している「だから」も、もともと、「だ」＋「から」に由来する。話し言葉はこのように変化していくので、書き言葉と一致しなくなるのである。

また、名称の略表記を本文で初登場の時から使ってはいけない。たとえば、「大体大」「理研」などは、それぞれ「大阪体育大学」「理化学研究所」と書く。

人物の名前も初出のときには姓名ともに書こう。たとえば、「長尾氏は」ではなく「長尾佳代子氏は」と書いた方がよい。

「バスケットボール」を「バスケ」と省略するような例は口語的なのでよくない。女子バスケットボールチームのことを「女バス」（ジョバス）、男子バスケットボールチームを「男バス」（ダンバス）と省略したりするのはもってのほかである。

ただし、「バスケットボール」を「バスケット」、「バレーボール」を「バレー」と略す程度ならば問題はない。「ママさんバレー」「カツカレー」も許容範囲である。

つまり略すことができるかどうかは、既に公的な場で市民権を得た用語であるかどうかで判断する。

しかし、「SNS」を「ソーシャル・ネットワーキング・サービス」と書かなければいけないかどうかなどは、悩ましいところである。

表6-2　文章に「混入しやすい話し言葉」修正例

① 耳で聞いた音と合致しない表記	修 正 例
●「おはよう」とゆう言葉	⇒ 「おはよう」という言葉
●私わうれしかった	⇒ 私はうれしかった
●思ったとうり	⇒ 思ったとおり
●やむおえず	⇒ やむをえず
② 誤用が定着しつつあるもの	修 正 例
●なので、がっかりした	⇒ それゆえ、がっかりした
●全然平気である	⇒ 全然気にしない
●私は納豆は食べれない	⇒ 私は納豆は食べられない
●鞄をここに置かさせていただく	⇒ 鞄をここに置かせていただく
③ 新奇な言葉（用法）や方言	修 正 例
●エグイ柔軟体操をやる	⇒ はげしい柔軟体操をする
●やばい美人	⇒ ひじょうに美人
●しんどかった	⇒ 骨が折れた
④ 略した言い方	修 正 例
●一生懸命にやってた	⇒ 一生懸命にやっていた
●「そんな」「こんな」	⇒ 「そのような」「このような」
●いろんな商品	⇒ いろいろな商品

メモ：

Unit 07 「思う」で終わらない

　レポートや論文では、基本的に「思う」で終わる文を書いてはいけない。レポートや論文は、客観的な（誰が見てもそう思う）事実から論理的に導きだされることを中心に説得力のある形で書かなければならない。そもそも「思う」という述語で想定される内容は主観的な（私がそう思う）ものであるから、「思った」ことではなく、「考えた」ことを書かなければならないのである。

　また、「思う」という文末は、ただ語調をやわらげるためだけに使われることも多い。控えめな印象を与える文章が上品だと思ってそのように書くのかもしれないが、これは見当違いである。逃げ道を用意してあるような言い方はよくない。読んでくれている人の時間をいたずらに消費しないためには、論点をできるだけ簡潔にわかりやすく述べなければならない。必要以上に遠慮がちな言い方は、読者をいらいらさせる。

> **例　題**　次の文章には不必要な「思う」が多く含まれている。いらない「思う」を取ってみよう。
>
> 　音というのは不思議なものだと思う。家の電話で母が祖母に話している声は決してうるさいとは思わない。しかし、携帯電話を使ってレストランの座席でしゃべっている人がいれば誰もがうるさいと感じるだろうと思う。音の大きさだけでうるさいかどうかが決まるわけではないと思う。私は、ある音をうるさいと感じるかどうかには、その音を出している人と聞いている人との関係の在り方も影響していると思う。

【解　答】

　音というのは不思議なものだ。家の電話で母が祖母に話している声は決してうるさくはない。しかし、携帯電話を使ってレストランの座席でしゃべっている人がいれば誰もがうるさいと感じるだろう。音の大きさだけでうるさいかどうかが決まるわけではない。私は、ある音をうるさいと感じるかどうかには、その音を出している人と聞いている人との関係の在り方も影響しているのではないかと考えている。

　文脈上「思う」を使わなくてはいけない箇所はそのままでもかまわないが、その他は、言い切れるところは言い切る。「考える」で置き換えられるところは、「私は」とセットにして置き換えよう。「思う」も「考える」も発声をともなわない思考作用である点は同じだが、「思う」は根拠なしに情意のみで行うことができる一方、「考える」は何らかの根拠に基づいて理性的に進める行為である。レポートや論文の中で、「思う」を使うのは望ましくない。ましてや、「感じる」は論外である。

Unit 08　文のねじれ

　一つの文が長くなると、主語だけ書いて述語を書き忘れてしまうということがよく起こる。たとえば、次の例題をみてみよう。

> **例題**　次の例文の間違いを正せ。
> ニュースは、怪我でオリンピックを欠場しなくてはならない選手がかわいそうだ。

　さて、上の文章を読んでみた時、どこか違和感はないだろうか。伝えたい内容を推測することはできる。恐らく、テレビでニュースが流れていて、そこでアナウンサーが怪我をしたオリンピック出場選手について話しているのだろう。そして、そのオリンピック出場選手が怪我のためにオリンピックに出場できなくなり、これまでの苦労を考えてみると、その選手がとてもかわいそうだとアナウンサーは思っている、ということだと考えられる。
　この文章を読んだときに、たしかに以上のような内容を推測することはできる。しかしながら、この文章を読んだだけでは伝えたい内容の正確な意味がわからない。なぜならば、「ニュースは」どうなのか、ということが書かれていないからである。つまり、「ニュースは」という主語に対応する述語が抜け落ちているのである。
　【例題】の文章を分析してみよう。まず、この文章で一番の核（伝えたいこと）になっているのは、

> ① 「選手が」：[主語] ⇒ 「かわいそうだ」：[述語]

ということである。これはきちんと主語と述語が対応している。
　次に、その直前の「怪我でオリンピックを欠場しなくてはならない」という表現は、その選手がどういった状態にあるのかを表している。つまり、その選手は怪我をしてしまってオリンピックを欠場しなければならないということなのである。それゆえ、これもきちんと主語と述語が対応している。

> ② 「選手」：[主語] ⇒ 「怪我でオリンピックを欠場しなくてはならない」：[述語]

　最後に、文の初めの「ニュースは」という表現であるが、この表現に対応する述語は見当たらない。つまり、ニュースはどうだったのかということがわからないのである。たとえば、本当はニュースでは選手が怪我をしたということが言われていただけであって、かわいそうだと思ったのはこの文章の書き手だったのかもしれないのである。だから、これは主語と述

語が対応していないことになる。

③「ニュースは」:[主語] ⇒ 「？」:[述語]

したがって、この[3]「ニュースは」の主語に対応する述語「？」を書かなければならない。ここでは、「伝えている」という述語を書くのが適切だと考えられる。それゆえ、正しい文章は次の通りである。

【解　答】
　ニュースは、怪我でオリンピックを欠場しなくてはならない選手がかわいそうだと伝えている。

Column 5　「私は」で書き始めない

　とにかく、「私は」と書き始める癖を改めよう。作文を添削していると「私は」と冒頭に書いてあるけれども、それに対応する述語がないという例をたびたび目にする。自分の意見を主張するつもりで書いているレポートや論文なので、とりあえず「私は」と書いているのだろうが、この癖がある人はやめるように心がけよう。
　次のような例では最後に「と考える」をつけるよりも「私は」を削除する方がすっきりする。また、ここぞというところ以外「私は……考える」を連発しない。なるべく言い切る。

　例　私は、何事に取り組むにも基本が大事であり、それを大事にした上で技術を向上させることが大切だ。

メモ：

Unit 09　呼応表現

　日本語の表現の中には、ある言葉で始まると文の終わりを必ずある表現で終わらせるというものがある。例えば、次の事例をみてみよう。

> **例　題**　次の例文の間違いを正せ。
> 　ボーシャー君はお昼にカレーを食べた。なぜなら、彼はカレーが好きだ。

　さて、上の文章を読んでみた時、どこか違和感はないだろうか。一見したところ、何の問題もないごく普通の文章のようにみえる。つまり、ボーシャー君はお昼ご飯にカレーを食べたのだが、その理由は、彼の好物がカレーであることだと推測できる。

　ところが、この文章には問題がある。それは、「なぜなら」という理由を表す言葉に対応する「〜から」という表現が抜け落ちていることである。つまり、文頭において「なぜなら」という言葉を使うのであれば、必ず文末は「から」で終わらなければならない（☞ Advice）。したがって、正しい文章は次の通りである。

【解　答】
　ボーシャー君はお昼にカレーを食べた。なぜなら、彼はカレーが好きだからだ。

Advice

　「なぜなら」で始まり「から」で終わらなければならないのは、どこからどこまでが理由なのかを明確にするためである。例えば、この例題において、「なぜなら、彼はカレーが好きであり、カレーはすぐにできる」と書かれていた場合には、ボーシャー君がカレーを食べた理由は2通り考えられる。

　つまり、(1)「彼はカレーが好きだ」という場合と、(2)「彼はカレーが好き」＋「カレーはすぐにできる」という場合である。

　(1)の場合には、「なぜなら、彼はカレーが好きだからであり、カレーはすぐにできあがる」と書かなければならない。他方、(2)の場合には、「なぜなら、彼はカレーが好きであり、カレーはすぐにできあがるからだ」と書かなければならない。

　また、理由を示す「から」の登場が遅いと文の意味はわかりにくくなる。呼応表現は、原則として、同じ文の中で使うようにする。

さて、「なぜなら（ば）〜から」という表現以外にも、必ず対応させて使用しなければならないものがいくつかある。代表的なものを一覧にしておく。

表 9-1　対応させて使う言葉

表現の始まり	表現の終わり	意　味
なぜなら（ば）〜	〜から	理由
決して〜・全然〜・あまり〜	〜ない	打消
もし〜・万一〜	〜たら・〜ならば	仮定
たとえ〜・かりに〜	〜ても・〜でも	譲歩（逆接の仮定）
必ずしも〜	〜ない	部分否定
まるで〜・あたかも〜	〜ようだ	比況（例え）
なぜ〜・どうして〜	〜か	疑問

Column 6　重複表現を避ける

　古い日本語では「誰々いはく……といふ（誰々が言うことには……と言う）」などの呼応表現があった。昔の書き言葉にはかぎかっこなどのくぎり符号がなかったので、どこからどこまでが発言内容だったかを明確にするために使われた。「言う」を表す語が複数回出てくるので、このような表現を「重複表現」と呼ぶ。
　しかし、今の日本語では、このような重複表現は避けるべきものとされている。例えば「自転車が関係する交通事故が多発する原因は、自転車専用レーンが整備されていないことが原因だ」という文では、「原因」が 2 回出てきてわずらわしい。「多発するのは」または「整備されていないからだ」などとして、「原因」を一つだけにしよう。

Column 7　文を短く分ける

　日本語の文は、言い切ろうと考えなければいくらでも長くできる。しかし、文を長くしすぎると、文のねじれや呼応表現のおかしさなどの問題がしばしば起きる。1 文の長さが 60 字（1 行 20 字の原稿用紙で 3 行）を一つの目安として超えないよう気をつけよう。

Unit 10　日本語文章におけるくぎり符号の使い方

　くぎり符号は、文章の構造や語句の関係を明らかにするために用いる。文章をわかりやすくするために使うものであるから、使用方法を難しく考える必要はない[1]。日本語の符号なので、1個につき原稿用紙1マスを使用するのが原則である。次の注意点を参考にしてくぎり符号を適切に使ってほしい。

❶ 。 まる（句点）

「。」は、一つの文を完全に言い切ったところに用いる。

例　文

例1　課外活動は学生の自主的な活動の場だ。
例2　次の事項を書いて提出しなさい。1．学籍番号　　2．氏名
　　［注］題目・標語・事物の列記の場合には「。」は用いない。
例3　憲法には、すべて国民は、健康で文化的な最低限度の生活を営む権利を有すると
　　　書かれている。
　　［注］かぎかっこ（「　」）を用いずに「と」などで言い切る文を受ける場合には、「と」
　　　　の前に「。」は用いない。

❷ 、 てん（読点）

「、」は、文の中で、言葉が切れているかどうかを明らかにしないと誤解される恐れのあるところで用いる。また、長い文ではてんが全くないと読みづらくなるから適切に入れる。

例　文

例1　不愉快な、パーティーの絵だった。
　　［注］修飾する語とされる語が遠い場合に用いる。
例2　私は、英才教育を受けた花形コーチに野球を習った。
　　［注］動作主体と述語が離れている場合に用いる。

1）教科書など公的な文書における使い方については、昭和21（1946）年に文部省国語調査室で作成された「くぎり符号の使い方（案）」が標準とされている。

例3　花子はうどんを食べ、太朗はラーメンを食べた。
　［注］文の途中で動作主体が変わる場合に用いる。
例4　しかし、気になります。
　［注］接続詞の後に用いる（なくてもよい）。
例5　読む、書くが基本です。
　［注］対等の関係で並ぶ同じ種類の語句の間に用いる。

❸ ・ なかてん

名詞を並べる場合に用いる。

例　文

例　映画・音楽・演劇などを好む。

❹ （ ） かっこ

語句や文の直後に説明や注を加えるときに用いる。使用するときには、（　）の部分を取っても文の前後がつながるように気を付ける。

例　文

例　山田太郎（大阪府出身、18歳）は野球選手である。

❺ 「 」 かぎかっこ

会話や語句を引用するときやとくに強調したいときに用いる。

例　文

例1　憲法には、「すべて国民は、健康で文化的な最低限度の生活を営む権利を有する」と書かれている。
例2　田中君の「授業態度の悪さ」には頭にきます。

❻ 『 』 にじゅうかぎかっこ

「 」の中にさらに「 」を使うときや書名等に用いる。

例　文

例1　「花子が『行かない』と言ってたわ」と真弓は言い張った。
例2　『三四郎』を僕は高校生の時に読みました。

Column 8　『 』を使う際の注意

　作文を添削しているときに注意する頻度が一番高い符号は『 』である。『 』は「 」よりも目立つと考えるせいか、強調したいときにこれを使っている例をよく目にする。しかしながら、このUnitで述べてきたように、レポートや論文における符号の使い方にはルールがあり、決められた用法以外では使ってはならない。『 』を使用するのは、「 」の中に「 」がある場合（そのため「 」に入れて文を引用する時にはもとの文の中の「 」は『 』に変わる）と書名（映画や演劇のタイトル、新聞の名称などそれに准じるものも）の二つの場合のみである。それ以外には使わない。

　なお、作文（小論文）の題名全体は、『 』「 」のいずれでもくくらないのが原則だ。

メモ：

Unit 11　外国語の符号は使わない

　　日本語でレポートや論文を書く際には、文章中に欧米語文章特有の符号が混入しないように気をつけなければならない。例えば、次の文章の符号の使い方には問題がある。

> **例　題**　次の例文の間違いを正せ（日本語の場合）
> 　"どうしよう。'月末までに必ず提出します'なんて言っちゃったけど、やっぱり無理だよ"とボーシャー君は青ざめた。今からとりかかったのでは、どんなに急いでも——友達のレポートの丸写しを出すなら話は別だけれど——とても締め切りに間に合わない！　そうだ、友達のレポートは駄目だろうけど、インターネットの記事を写すのならかまわないのではないかな？　先生は"引用をするのはかまわない"と言っていたし……。

　　日本語で書いているレポートの地の文の中では、！（感嘆符）や？（疑問符）は、基本的には使ってはいけない。" "（ダブルクォーテーションマーク）や' '（シングルクォーテーションマーク）も駄目である。これらは、欧米語文章特有の符号であり、日本語で書く小論文・レポートにこのような表記を混ぜて使ってはいけないからだ。

【解　答】
　「どうしよう。『月末までに必ず提出します』なんて言っちゃったけど、やっぱり無理だよ」とボーシャー君は青ざめた。今からとりかかったのでは、どんなに急いでも——友達のレポートの丸写しを出すなら話は別だけれど——とても締め切りに間に合わない。そうだ、友達のレポートは駄目だろうけど、インターネットの記事を写すのならかまわないのではないかな。先生は「引用をするのはかまわない」と言っていたし……。

ボーシャー君のその後については、
36頁を参照してみよう。

Column 9　英語論文で使う符号

- " "　ダブルクォーテーションマーク、double quotation mark、引用符。日本語表記の「　」に相当する。
- ' '　シングルクォーテーションマーク、single quotation mark、引用符。日本語表記の『　』に相当する。ただし書名には用いない。
- ?　クェスチョンマーク、question mark、疑問符。日本語表記では使用しない。
- !　エクスクラメーションポイント、exclamation point、感嘆符。日本語表記では使用しない。
- :　コロン、colon、数学の＝（等号）と同様の意味で用いる。日本語表記では、「つまり」「言い換えれば」などの接続語に相当する。例を挙げるときや、文章を引用するときの前にも用いる。
- ;　セミコロン、semi colon、同じではないが関連があることを述べるときに使う。日本語表記では、「一方」などの接続語に相当する。セミコロンの前と後はそれぞれが独立した文章でなければならない。次のような形でカンマ（,）の代わりに用いることもある。

［例］There are many reasons for this: the test was too difficult; the students were not motivated; and there was not enough preparation time.

［注］, ＜ ; ＜ : ＜ . の順に区切る力が強いということを覚えておこう。

外国語由来の符号の中には、現在では日本語論文中に頻繁に使用されるようになっているものもある。次に挙げる二つはその例である。

- ──　「2倍ダッシュ」は文章の中に追加情報を挿入する際に用いる。例えば、論文の副題を書く時などに使用される。日本語の2文字分の長さで書くので「2倍ダッシュ」と呼ぶ。　例：春──目覚めの季節
- ……　「3点リーダー」は無言の状態を示したり、文章を最後まで書かずに余韻をもたせたりするときなどに使用する。原稿用紙1マスに三つの点を書くので「3点リーダー」と呼ぶが、これを2マス連続させて6点にすることが多い。
　例：つらい……と彼は訴えた。

──や……は多用すると読みにくいので、必要最小限の使用が望ましい。

Unit 12　自分の文章と他人の文章を区別する

　レポートや論文は、正確で簡潔であることが要求される。また、文章の論旨展開が合理的でなければいけない。自分が書く文章を正確で合理的なものにするためには、資料を読み、必要な箇所を探し出し、情報を確認する作業が前提となる。

　さて、そのうえで実際の文章を書いていくわけだが、その際、資料を適切に扱う必要がある。具体的には、資料で情報を確認した部分については、そのことを文章中で明示しなければならない。例えば、小中学生の体力・運動能力についての文章を書く場合を考えてみよう。

　「ここ10年くらい、子どもたちのボール投げの記録は伸び悩んでいるらしい。そういえば、自分の近所では、サッカーボールで遊ぶ子どもばかりで、キャッチボールはあまり見かけない。このことと関係があるのかな」。このような漠然とした考えしかない状態で、新聞記事（図12-1）を読み、次のような文章を書いたとする。

> **例　題**　下記の文章が剽窃（ひょうせつ）になってしまわないように修正せよ
>
> 　今年度は、1998年度に比べ、多くの項目で子どもの体力の向上が見られる。ただ、ボールを投げる力は横ばいだ。例えば、9歳男子は98年度より1.7メートル短い20.4メートル、女子は0.5メートル短い12.1メートルだ。これは、野球に代わり、サッカーを好む子どもが増えた影響ではないか。

　文章を書いた側は、「自分は、もともとこの情報を知っていた。こう考えていた」と主張するかもしれない。しかし、この文章の細かなデータは、新聞記事を確認しなければ書けないはずのものだ。また、新聞記事とまったく同じ部分も見受けられる。どのような資料からどの部分を利用したかを明示しなければ、剽窃（ひょうせつ）（他人の文章の盗用）とみなされる。

　資料を利用する方法には、引用と要約がある。引用では、元の資料の記述を改変することなく、そのまま書き写さなければならない。その際、引用部分と自分の文章とは、明確に区別する必要がある。比較的短い文章での引用では、次の方法で、資料と自分の文章との区別をする。

> ①引用元（どの資料か）を示し、書名・新聞名・雑誌名は『　』（にじゅうかぎかっこ）、見出しなどは「　」（かぎかっこ）でくくる。
> ②引用部分を「　」（かぎかっこ）に入れる。
> 　［注］レポート・卒業論文など長い文章では、引用部分の左（縦書きのときには上）に2字程度の空白を入れる方法（2字下げ）もある。

前ページの例題の場合は、例えば、次のように訂正するとよい。

【修正例】

2013年10月14日『中日新聞』には、次のように書かれている。今年度は「文部科学省の体力・運動能力調査では、現行の調査方式になった1998年度に比べ、多くの項目で子どもの体力の向上が見られた。ただ、ボールを投げる力は横ばい」。例えば「9歳男子は98年度より1.7メートル短い20.4メートル、女子は0.5メートル短い12.1メートル」だという。同記事によると、文科省は「野球に代わり、サッカーを好む子どもが増えた影響ではないか」と述べている。私も、その見方は妥当だと考える。

現代っ子　ボール投げ苦手

文科省調査「野球よりサッカー」影響？

文部科学省の体力・運動能力調査では、現行の調査方式になった一九九八年度に比べ、多くの項目で子どもの体力の向上が見られた。ただ、ボールを投げる力は横ばい。文科省は「野球に代わり、サッカーを好む子どもが増えた影響ではないか」とみている。＝❶面参照

文科省によると、ボール投げは小学生がソフトボール、中高生はハンドボールで実施。九八年度以降の推移を見ると、子どもが投げた平均距離はほぼ全ての年代で横ばいとなっており、その中でも今回はやや結果が悪かった。

九歳男子は九八年度より一・七㍍短い二〇・四㍍、女子は〇・五㍍短い一二・一㍍。七歳女子を除く全年代で投げた距離が短くなった。

日本中学校体育連盟の調べでは、今年六月時点の中学校のサッカー部員は、十年前に比べて約五万人増の約二十五万九千人だったのに対し、野球部員は約七万人減の約二十四万四千人で、野球人気にかげりも見られる。

文科省の担当者は「昔は子どもがキャッチボールをするのが当たり前だったが、今は違う。サッカー人気が高まっており、キック力で比較すれば能力は上がっているかもしれない」と話した。

子どもの体力は、約十項目の合計点（八十点満点）を小六（十一歳）、中二（十三歳）、高二（十六歳）の男女グループ別に分析。九八年度に五八・六点だった小六女子が過去最高の六二・〇点になるなど、いずれのグループも九八年度を大幅に上回った。

中二男子の千五百㍍走の記録を見ると、八五年度は六分六秒で、九八年度は六分三十三秒に落ち込み、一二年度は六分二十一秒に回復。一二年度の中二女子の千㍍走も九八年度の四分五十四秒から四分四十四秒に回復したが、八五年度の四分二十七秒には及ばなかった。

一方、ボール投げのほか立ち幅跳びも記録があまり伸びず、横ばいの傾向。幼いころに運動や外遊びが少ないと、体を巧みに動かす必要がある項目は苦手になるという。

図12-1 「現代っ子　ボール投げ苦手」（2013年10月14日『中日新聞』朝刊、共同通信配信記事）

Unit 13　引用元・引用部分の書き方

引用をする場合によく用いられる表現パターンがある。代表的なものを例として挙げる。

❶ 必要最小限の引用

例　文

2009年3月16日『朝日新聞』夕刊によれば「ネット上の文章の丸写しが、大学生のリポートでまずはやり、中高校生にも広がっている」という。
2009年3月16日『朝日新聞』夕刊には「……」と書かれている。

例　文

2009年12月27日『SANKEI EXPRESS』によれば、コピー・アンド・ペースト（コピペ）について、金沢工業大学大学院の杉光一成教授は「コピペは盗用に当たる」と述べている（指摘している、批判している……）。

引用する文章の量は、必要最小限にする。不必要な情報をだらだらと引用してはいけない。文章全体の半分以上が引用・要約だと、オリジナルの文章だと認めてもらえなくなる。ただ、必要な情報は引用しなければならない。「これくらいは、書かなくても、読み手もわかってくれるだろう」とあてにしてはいけない。

❷ 長い引用

長い引用がどうしても必要な場合は、はじめに引用であることをことわってから引用を行うとすっきりする。

例　文

2010年4月22日『産経新聞』には、次のように書かれている。「柔道は脳を損傷するような事故が起きることがある。しかし、柔道が生命の危険をはらんでいるという認識は競技者や指導者の間ではそう高くない」。

例　文

　2010年5月22日『毎日新聞』によれば、漢字指導法研究会は、次のように指摘している。「情報機器の普及によって進んだのは、瞬時に漢字変換できるようになっただけであって、語彙(ごい)が豊かになったわけでも漢字の理解が進んだわけでもない」。

　　［注］この例では、元の記事の「　」の中（漢字指導法研究会による指摘の部分）だけを引用している。このような場合は、「『　』」のように、かぎかっこを2重にはしない。また、元の記事には、句点（。）が付いていないが、このような場合は、句点は「　」の中ではなく、外につける。

❸ 不必要な部分が混ざってしまう場合

　また、そのまま引用すると不必要な部分が混ざってしまう場合は、次のような方法を取る。

> ①元の文の先頭や末尾が不必要な場合は、必要な部分だけを「　」の中に入れて、前後は自分の文章で簡潔に書き換える。

例　文

　田中克彦『名前と人間』によれば「国立市の名の起源は、国分寺と立川との間にある」からだという。

　　［注］原文：国立市の名の起源は、国分寺と立川との間にあるところにあり、……

> ②元の文の途中が不必要な場合はその部分を省略して、その省略した部分に（中略）と書く。省略して前後がうまくつながらない時は、前後の情報をそれぞれ「　」でくくり、間に自分の文章を入れて両者をつなぐ。

例　文

　同書には、次のように書かれている。「近代に入っては（中略）ヨーロッパの名に、漢字のころもを着せる風習が優雅だと見られたらしく、この新しい伝統は今日もなお活発である」。

　　［注］原文では（中略）の部分に、於菟(おと)・茉莉(まり)・杏奴(あんぬ)など、具体的な人名の例が書かれている。

例　文

　大野晋は『日本語練習帳』の中で、「思う」と「考える」の違いについて説明している。それによれば、「『思う』とは、一つのイメージが心の中にできあがってい」ることである。それに対して「胸の中の二つあるいは三つを比較して（中略）選択し構成するのが『考える』」だという。
　［注］原文：「思う」とは、一つのイメージが心の中にできあがっていて、それ一つが変わらずにあること。胸の中の二つあるいは三つを比較して、これかあれか、こうしてああしてと選択し構成するのが「考える」。

　以上の方法でも不必要な部分が混ざる場合は、引用ではなく要約にする。

メモ：

Unit 14 　要約のルール

　要約とは、資料の情報を、元の記述そのままではなく、自分の言葉で短くまとめて明示する方法である。元の記述とほとんど同じ場合は、要約とは呼べない。

　要約の場合、使った資料は引用元ではなく要約元となるが、その書き方については、引用元の場合とまったく同じにすればよい。要約部分は、「　」でくくってはいけない。要約元の記述そのままではないことを明確にするためである。

　要約する場合にも、分量は必要最小限にするよう気をつけなければならない。それだからといって、必要な情報が抜けていると、元の情報が読み手にうまく伝わらないどころか、誤解を招く恐れすら出てくる。資料でどのようなことが書かれているか、しっかり確認する必要がある。

　Unit 13 の最後の文例を引用から要約に改めると、例えば、次のようになる。

例　文

　大野晋は『日本語練習帳』の中で、「思う」と「考える」の違いについて説明している。それによれば、不変のイメージが一つだけしかない場合に「思う」が使われる。それに対し、複数のイメージを比較した上、選択したり構成したりする場合が「考える」だという。

　［注］原文を再掲する。原文：「思う」とは、一つのイメージが心の中にできあがっていて、それ一つが変わらずにあること。胸の中の二つあるいは三つを比較して、これかあれか、こうしてあしてと選択し構成するのが「考える」。

メモ：

Column 10 「。と」は避ける

　引用・要約と、それに対する自分の意見とを一つの文で書くと、全体が長くなり過ぎることがある。例えば、次のような文だ。

> 例 2010年10月27日『読売新聞』には、男性の育児休暇取得を推進するため、自治体の首長が率先して育休を取る動きが広がっていると書かれているが、私は、民間の男性たちが容易に取れるような制度を整備する方が優先課題だと考えるので、この動きには反対だ。

　このような文は、引用・要約と、自分の意見とを分けてしまうとよい。ただし、要約の場合には、次のような分け方をしないよう、とくに気をつける必要がある。

> 例 ……自治体の首長が率先して育休を取る動きが広がっている。と書かれているが、私は……

　「広がっている。と書かれているが」の部分で、文が分かれているのかつながっているのか、はっきりしないからだ。「。と」は、なるべく避けるようにしよう。例えば、次のように修正するとよい。

> 例 ……自治体の首長が率先して育休を取る動きが広がっていると書かれている。だが、私は……

メモ：

Column 11　再引用は避ける

　参考資料自体の中に引用・要約があり、その部分を利用したくなる場合があるかもしれない。しかし、引用・要約部分をそのまま流用することは避けよう。参考資料で引用・要約する際、誤解や誤植が起こっている恐れがあるからだ。原資料を参照することが非常に難しい場合を除いて、原資料を探して確認した上、原資料の方から引用・要約する。

　とくに注意を要するのは、インターネットのホームページの場合だ。オリジナルの情報以外に、さまざまな原資料からの引用・要約が含まれている。オリジナルの情報だけの場合でも、コピー・アンド・ペースト（コピペ）はなるべく避ける必要がある。原資料からの引用・要約が含まれている場合は、コピペをしてはいけない。必ず、原資料で確認しなければならない。

Unit 15　参考資料の挙げ方・注のつけ方

　レポートや卒業論文など長い文章の場合、本文の中で一々引用（要約）元を書いていると、読み手が煩わしく感じることがある。また、筆者がどのような資料をどれだけ集めて文章を書いたのかが、一目でわからない。そこで、長い文章の場合は、本文中では、引用（要約）元を簡単に書いて、直後に、上付き文字で注番号を振り、後で注や参考文献表を挙げるという方法を取る。注番号の振り方には、[1)]、[2)]……や、[1]、[2]……などいろいろな方法があるが、丸数字（①、②……）は避けよう。また、注番号ではなく、（長尾 2011）のように資料の著者名と発行年とを示す方法も一般的である。

　注番号によって参考資料を挙げる際は、注番号と参考資料の番号が対応するように注意する。分野によって順序や表記法はさまざまであるが、だいたい次のような情報を明記する必要がある。

書　　籍　　著者『書名』出版社名あるいは地名、発行年、ページ
新　　聞　　「記事のタイトル」掲載年月日『新聞名』、何面か
雑　　誌　　著者「論文名」『雑誌名』巻数や号数、発行年月、発行所、ページ
インターネットのホームページ　　「記事のタイトル」アドレス、閲覧した年月日[1)]

例　文

　田中克彦『名前と人間』[1)]によれば、「国立市の名の起源は、国分寺と立川との間にある」からだという。ただし、これはあまり正確な記述ではない。国立市のホームページの中の「国立市の概要」[2)]によると、大正時代に、当時の谷保村の北部で宅地開発され、地区名をつける必要が生じた。その時、中央線の国分寺駅と立川駅との間に新駅が作られることになっていたので、両者の頭文字を取って、駅名・地区名の両方が国立と決められた。その後、1951年に谷保村が町制に移行する時に初めて、自治体全体の名前も国立町となったのだという。

　参考資料
1) 田中克彦『名前と人間』東京、岩波書店、1996、p.67。
2) 国立市役所「国立市の概要」http://www.city.kunitachi.tokyo.jp/shokai/000169.html、閲覧日：2011年3月6日。

---

1) ただし、最近では、変更の多いアドレスや閲覧年月日ではなく デジタルオブジェクト識別子（Digital Object Identifier、略称 DOI）を付すことが求められる場合も多い。

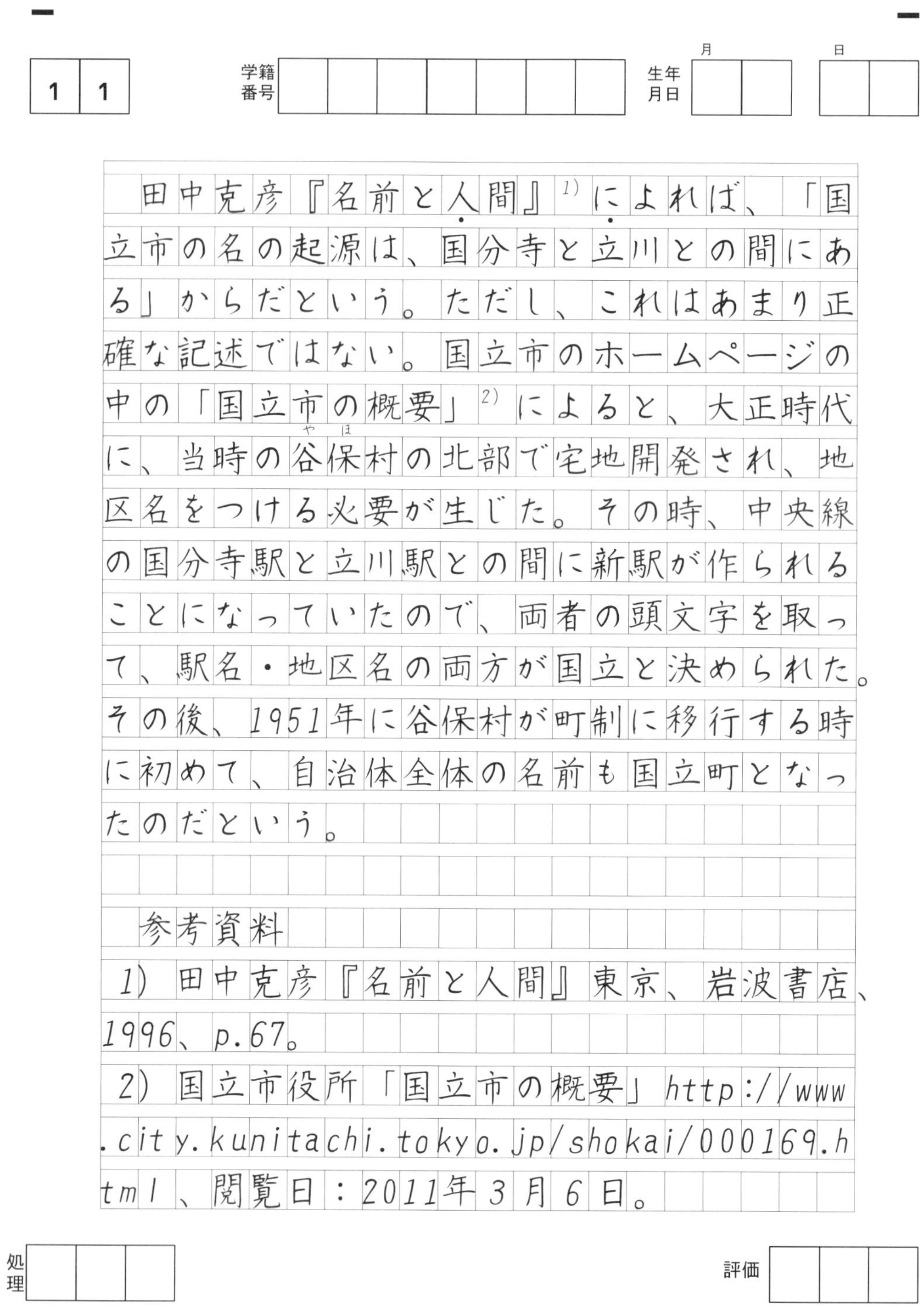

11

学籍番号　　生年月日　月　日

田中克彦『名前と人間』[1]によれば、「国立市の名の起源は、国分寺と立川との間にある」からだという。ただし、これはあまり正確な記述ではない。国立市のホームページの中の「国立市の概要」[2]によると、大正時代に、当時の谷保（やほ）村の北部で宅地開発され、地区名をつける必要が生じた。その時、中央線の国分寺駅と立川駅との間に新駅が作られることになっていたので、両者の頭文字を取って、駅名・地区名の両方が国立と決められた。その後、1951年に谷保村が町制に移行する時に初めて、自治体全体の名前も国立町となったのだという。

参考資料

1) 田中克彦『名前と人間』東京、岩波書店、1996、p.67。

2) 国立市役所「国立市の概要」http://www.city.kunitachi.tokyo.jp/shokai/000169.html、閲覧日：2011年3月6日。

処理　　評価

図 15-1　参考資料の記述例

第3部
論理的な書き方

Unit 16　段落分けを行う

　段落もくぎり符号と同様に文章の構造をわかりやすくするために設定するものである。基本的な考え方としては、いくつかの文が集まったとき、それらの意味のまとまりごとに段落をかえる。一つの段落の中に二つ以上の話題が含まれないように気をつける。段落をかえるときには、その段落の最後の文が終わったところで改行し、次の行で文頭に１マスあける（☞ Advice）。小説などでは非常に長い段落を設定したり、逆に、頻繁に段落をかえるといったことも行われる。しかし、アカデミックな環境で文章を書くときには、400字詰め原稿用紙１枚中の文章なら２段落から３段落に分けるくらいが適当である。改段落で生じる余白によって、読み手が受ける圧迫感が減る。段落分けが適切になされていれば、書き手の論を追っていくのが容易になり、文章が読みやすくなる。逆に、自分の書いた文章の段落分けを難しく感じるときには、そもそも内容が論理的に整っていないのではないかと疑って点検してみるとよい。

　「意味のまとまり」がどこかを判断するときは、次のような点に注意する。

---

① 時間や場所などの状況が変わっていないか。
② 立場や視点が変わっていないか。
③ 論が次の段階に展開していないか。

　意味のまとまりのとらえ方は絶対的なものではないので、段落の分け方にもあいまいな部分が残る。判断に迷うときには、段落分けは文章を読みやすくするために行っていることを思い出そう。したがって、あまりに頻繁に改段落しては意味がない。また、一つの段落があまりに長く続きそうなときには、適当な場所で一息つけるように改段落するということもあってよい。

Advice

　最近、メールソフトなどを使用する影響か、段落の最初に改行だけをして１字分のスペースをあけていない文章をよく目にする。このようなやり方はまだ広くは認められていないので、公的な文書を作成するときには、段落の最初に１マスあけることを忘れないようにする。

Unit 16 段落分けを行う

例題 次の文章を改段落するのに適切な場所を3箇所指摘しなさい。

　中等教育と高等教育では求められる勉学態度がどう違うのだろうか。その違いは、一般に、高等学校までの勉学を学習と呼び、大学での勉学を学問と呼ぶ点に端的に表れる。高等学校までの勉学が、「学ぶ」と「習う」を合わせた「学習」と呼ばれるのは、それが既成の知識体系や、問題解決方法を指導者から忠実に学び習得する作業を中心とするからである。それに対し、大学での勉学が、「学ぶ」と「問う」を合わせた「学問」と呼ばれるのは、既成の知識や理論をそのまま学ぶだけでなく、それらの知識や理論が成立した過程を問い、時には既成の知識や理論を疑い、新たな視点を提起し、知識や理論を更新することが求められるからである。高等学校までの課題では、与えられた教材や資料について理解したことを報告し、その教材や資料に対する感想を述べ、調べたことを整理して列挙するだけでもよかったかもしれない。しかし、大学の課題では、「問う」という作業が求められる度合いが強い。「問う」とは、先にも述べたように、与えられた教材や資料に示された知識や理論に対して主体的な問いかけをすることである。そこでは、どの視点が重要であり、どの部分を議論すべきかを自ら判断することがまず求められる。そして、既成の知識や理論を乗り越え、新たな意見や仮説を提示することが歓迎される。

【解答】
　「高等学校までの勉学が、」「高等学校までの課題では、」「『問う』とは、」の前。

メモ：

Unit 17　3部構成で書く

　レポート・論文では、自分の主張を読み手が誤解しない形で伝えなければならない。そのためには、文章は簡潔で無駄のないように書くべきであり、全体の構造はすっきりと整理しておくべきである。文章の構成法にはさまざまなものがあるが、最も基本的なのは「序論―本論―結論」という3部構成である。

序論	文章を書き起こす。問題の背景を説明したうえで、疑問の形で問題提起を行う（☞ Unit 20）。
本論	議論を展開する。問題提起に対する自分の意見（見通し）に基づき、合理的、客観的に述べる。接続語（☞ Unit 19）を適切に使うと、論旨が明解になる。具体的には、「なぜなら……」で根拠（理由）を示したり、「例えば……」で例示をしたりする。 　可能な場合は、自分とは違う意見とそれへの反論を「たしかに……。しかし（だが）……」の形で述べると、より説得力が増す（厳密には、この場合、4部構成になる）。
結論	本論までのまとめをしたうえで、提起した問題に対する解答を確認する。本論と食い違ったり、関連しなかったりする結論にならないように気をつける。基本的に新しいことを書いてはいけないが、総括して自分の感想などがある場合、軽く付け加えるくらいはかまわない。

メモ：

Column 12　問題提起をする前に

　序論が問題提起だけだと、なぜそれをレポートや論文のテーマにしたのかが読み手に伝わらない。テーマを選んだ背景を説明した上で問題提起をしよう。配布資料がある小論文の場合には、資料のどの箇所の情報をもとに問題提起をしたか説明すればよい。
　ただし、その場合に「今回の資料を読んで、私は……」と書き始めると、小学生が書く読書感想文のようだから避けよう。

Column 13　無責任結論を書かない

　「今後、一人ひとりが気をつけていくべきである」、「国が対策を取るべきだ」、「社会全体で考えていくべきである」などと言って、「自分自身の結論」を書かないという例をよく目にする。これらの例のような結論を、本書では「無責任結論」と呼ぶこととする。レポートや論文では、自分なりに出した結論を書き、他人任せにしてはいけない。
　「大都市でのマラソンを盛んにすることで、関西そして日本全体が活気づいてほしい」というような例も、無責任結論だ。「……してほしい」だと、問題解決のために自分から積極的に働きかける姿勢が見られず、他人まかせの印象を与える。「日本全体を活気づけるべきだ」などとするとよい。

メモ：
_____
_____
_____
_____
_____
_____
_____

1	1

学籍番号 2139999　生年月日 月 06 日 04

先生の負担を減らすべきだ

岸和田　地車郎

2012年11月1日『毎日新聞』で、論説室の落合博氏は、次のように述べる。「休日の運動部活動についてスポーツ指導を専門とする民間企業に有料で委託する試みが東京都杉並区の公立中学校で始まったことを知った時は驚いた」。だがこれは驚くべきことなのか。

私は、学校の顧問の先生以外が部活動の指導をしても、驚くべきことだとは考えない。なぜなら、現状では、顧問の先生への期待や責任が大き過ぎるからだ。同記事で落合氏も「部活動は教育課程外の教育活動ではあるが、生徒にとっては学校生活の中で極めて大きな存在だ」と指摘している。言い換えれば、部活動は、顧問の先生の本来の仕事とはみなされない。それにも関わらず、生徒や保護者から大きな期待を寄せられ、責任を負わされているのだ。指導する部活動の経験や情熱があ

テーマを選んだ背景を説明

疑問の形で問題を提起

問題提起に対する自分の意見

自分の意見の根拠（理由）

1目

評価

図 17-1　3 部構成の作文例

Unit 17　3部構成で書く

り、費用を自己負担したりプライベートの時間を割いたりしてもかまわないという先生ばかりではない。休日だけでなく平日にも、外部から指導者を迎え入れるという考え方すら、十分にあり得る。

　たしかに、民間企業に部活動を委託すると有料になり、生徒の家庭が支払わなければならないのは問題かもしれない。しかし、今までの部活動でも、個人の用具や遠征・宿泊費などは、生徒の家庭で負担してきている。中学・高校で部活動を選ばせる際、学校側で事情を説明し、生徒や保護者の同意を得れば、問題は起こらないはずだ。それと共に、民間企業との契約の際、あまり高額にならないよう、学校側は十分注意すれば良い。

　学校の先生が本来の職務以外まで抱え込むというのは、負担が大きすぎる。外部委託の際の料金の問題は、学校の対応で解決できる。したがって、私は、部活動の企業委託は、何ら驚くべきことではないと考える。

（左注）
「自分とは違う考え」への反論
※問題提起からずれないように気をつける
問題提起に対する最終解答

（右注）
自分とは違う考え
本論までのまとめ

図 17-1　3部構成の作文例（続き）

例題 次の二つの文例のうち、3部構成として適切なものはどちらか。

(1) 運動塾と家庭の役割分担

> 運動塾と家庭の役割分担
>
> 　　　　　　　　　橋本　和泉
>
> 　ゆとり教育の結果、現在、子どもたちの運動能力が低下している。この問題の対策として、授業以外の運動も必要だ。では、子どもたちをどのように運動させるべきだろうか。
>
> 　私は、2010年4月14日『読売新聞』夕刊に書かれているような運動塾に、子どもを通わせることが必要だと考える。なぜなら、両親共働きの家庭が増えている中、このような施設に頼らざるを得ないからだ。ただし、子どもの成長全体を考えると、親に時間の余裕があるときは、子どもと一緒に運動してあげることも必要だ。
>
> 　運動塾に親が頼りすぎず、自分自身も真剣に向き合う必要はある。だが、多くの家庭では、それはなかなか困難だ。したがって、現状では、子どもを運動塾に通わせることは必要だと、私は考える。

(2) 子どもの体力低下防止策

子どもの体力低下防止策

佐野　東

　2010年4月14日『読売新聞』夕刊によれば、子どもの体力が低下し続けている。そして、体力不足の子ども相手の運動塾が開かれているという。体力低下の原因は何だろうか。

　子どもの体力低下の原因は二つある。ゲーム機などの室内遊びの機器が増えたことと、学校での体育の授業時間が減少したこととだ。このままでは、子どもたちの基礎体力が身につかず、大人になったときに、深刻な病気の原因になってしまう。

　これを防ぐためには、昔では考えられないことだろうが、『読売』夕刊に書かれているような運動塾を増やしていくのはどうだろうか。そうすることで、子どもたちが運動を楽しく感じ、運動能力も向上するだろう。したがって、体力不足の子ども相手の運動塾を増やすべきだと、私は考える。

【解　答】
（1）運動塾と家庭の役割分担

Unit 18　メモの取り方

❶ 双括式

　Unit 17で紹介した文章の構成法は、おおまかには「双括式」に分類できるだろう。双括式とは、文章の最初と最後で自分の意見を述べ、その間に議論の展開を置くものである。読む側からすれば、最初に意見をつかんだ上で議論の展開を追い、最後に意見を再確認することができるので読みやすい。論説文に適した構成法である。

❷ 情報を収集する

　ただし、書く側は、いきなり文章作成に取り掛かると、構成が破綻する恐れがある。前もって準備をした上で、原稿用紙やパソコンに向かおう。

　レポートや論文を書く場合、参考資料を読みながら、重要なところ（引用・要約で使えそうなところ）を探していくことになる。自分の本ならば、線やマークを書き込んでもかまわないが、図書館などから借りた本ではしてはいけない。付箋を貼ったりコピーをとってその中に書き込んだりする方法を勧める。作文・小論文の授業で、課題文を載せた資料が配られる場合には、遠慮はいらない。引用・要約で使う箇所には、必ずラインマーカーなどで線やマークをしよう。

❸ メモを作成する

　文章を書くための情報が十分に集まったら、次はメモを作ろう。よく行われる方法は、要らない紙の左上にテーマ（または、それを具体的に絞り込んだ問題提起）を書き、思いついたことを右や下に、矢印でつなぎながら書いていくというものだ。ある程度枝分かれができたら、文章の中心となるものを決め、不要なものを線で消す。枝分かれが十分でなかったら、書き足す。

❹ メリットとデメリットを書き出す

　テーマをどうしても絞り込めないという場合は、テーマについてのメリット（長所）・デメリット（短所）を箇条書きにするという方法もある。例えば、体力・運動能力不足の子供たち相手の運動塾がテーマなら、運動塾のメリット・デメリットで思いつくことを書き出す。そうしているうちに自分の意見が固まってきたら、それを書けばよい。それでも意見が決まらない場合は、メリット・デメリットのうち多い方を自分の意見にする。材料が多い方が、文章を書くうえで困らないからだ。メリットが多ければ「運動塾をもっと普及させるべきだ」、デメリットが多ければ「運動塾に頼るべきではない」などが考えられる。

Unit 18 メモの取り方

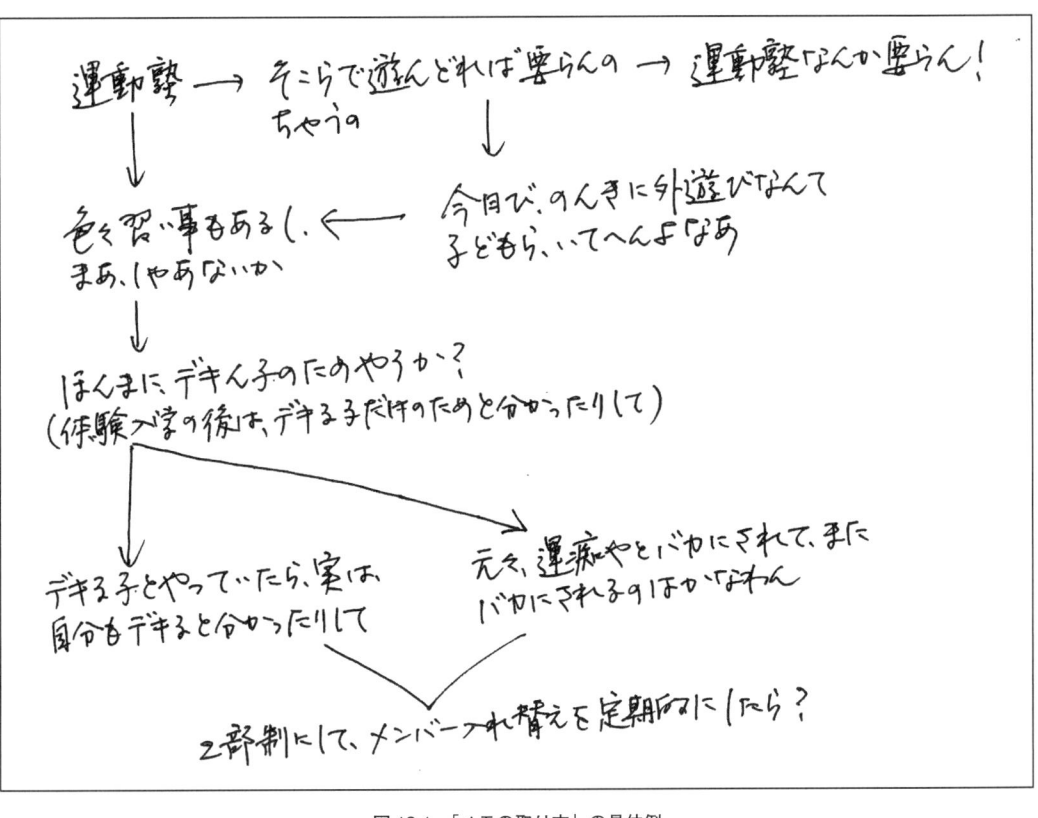

運動塾 → そこらで遊んどれば要らんの → 運動塾なんか要らん!
　　　　　ちゃうの
　↓　　　　　　↓
色々習い事もあるし、 ← 今日び、のんきに外遊びなんて
まあ、しゃあないか　　　　子どもら、いてへんよなあ
　↓
ほんまに デキん子のためやろか?
(体験入学の後は、デキる子だけのためと分かったりして)
　↓　　　　　　　　　　↘
デキる子とやっていたら、実は　　元々、運痴やとバカにされて、また
自分もデキると分かったりして　　バカにされるのほかなわん

　　　　2部制にして、メンバー入れ替えを定期的にしたら?

図18-1 「メモの取り方」の具体例

メモ：

Unit 19　接続語を使う

　個々の文と文は、論理的に無理のない形で展開しなければいけない。意味内容から前後の文章の関係が明らかな場合はそのままつないでいってよいし、どう関連するのかが少しでもわかりにくいときには、接続語を用いたほうがよい。

　接続語には「しかし」「したがって」などの接続詞のほか、「つまり」などの副詞、「その結果」などの連語などがある。同じ接続語を連続して使うのは避ける。また、文章の論理構造の中で、個々の接続語が果たす役割が自分のいいたいことと矛盾しないようにする。

表19-1　代表的な接続語

順　　接	熊取町は温暖だ。だから、子どもが上着を学校に忘れて帰宅することがある。

- したがって、だから
- それゆえ（硬すぎるので使うときには注意する）
- それで（くだけた調子になりやすいので使うときには注意する）

逆　　接	熊取町は温暖だ。しかし、山の近くはけっこう寒い。

- しかし
- だが

並　　列	熊取町は温暖だ。また、都会すぎず、田舎すぎない。

- また
- さらに

理由を示す	熊取町は温暖だ。なぜかというと、大阪府でも南の方に位置しているからだ。

- なぜかというと……からだ
- なぜなら……からだ

譲歩する	たしかに熊取町は温暖だが、つばさが丘ではたまに雪がつもることもある。

- たしかに……が
- もちろん……が

[注] これらは、小論文の本論でよく使われる構文であり、次のように使い分ける。
　　たしかに／もちろん（自分とは別の考え）。しかし／だが（自分の考え）。

言い換える	熊取町は温暖だ。いわば、大阪府下のハワイである。

- いわば
- つまり
- すなわち

例　　示	熊取町は温暖だ。例えば、雪が降ることはめったにない。

- 例えば

例題 次の文章の（　　　）の中に、適切な語を入れて文章を完成させなさい。

① 私は大学の秋入学制度に賛成だ。（　　　　）高校卒業後の半年間に、将来につながるさまざまな活動ができると考える（　　　　）。

② 休日の部活動の外部委託について、私は賛成だ。まず、顧問教諭の負担を減らすことができる。（　　　　）、専門的な指導により生徒の技術向上が期待できる。

③ （　　　　）事故を避けるために騎馬戦は取りやめるべきだというのも一理ある。（　　　　）、運動会のあらゆる種目に事故の危険性はある。安易に取りやめるのではなく、いかに事故を防止するかを考えることが重要だ。

④ 文部科学省の「平成24年度学校保健統計調査」によれば、子どもの身長・体重は、平成13年から15年あたりをピークに横ばいか減少傾向だという。（　　　　）、近年の子どもの体格が以前より向上したとはいえないのである。

【解　答】
① なぜなら、からだ
② また or さらに
③ たしかに or もちろん、しかし or だが
④ つまり

Column 14　「でも（ても）かまわない」を使ってみよう

　学生を指導していると「小論文のこの箇所は、別の表現に変えた方がいいでしょうか」などと質問されることがある。そのとき「このままでもかまわない」と答えると、学生が落ち着かない表情を示す。「でもかまわない」には、「他の選択肢もあるが」「改善できないことはないが」という意味が含まれているからだ。そのため、学生の直接指導のとき、指導者が「でよい」を使うことが多い。だが「でよい」は、書き言葉としてはまだ定着していない表現だから、小論文などでは避けるのが望ましい。

　話し言葉では使い方が難しい「でも（ても）かまわない」だが、小論文では、読み手に「色々な可能性を考えた上で書いているのだな」と好印象を与えることがある。小論文の作成中、使えそうな場合がないか、考えてみよう。例えば、次のような場合だ。「昨今の環境事情を考えれば、子供が運動をする場所は、屋内中心でもかまわない」（屋外の方が望ましいが）、「決勝トーナメントで強豪チームと対戦することを避けるためには、予選の消化試合はわざと負けてもかまわない」（わざと負けなくて済むなら、それに越したことはないが）。

Unit 20　問題提起を行う

　「問題提起」とは、そのレポートや論文の中で執筆者の意見や考えを展開していく際に、出発点となる疑問を提示することである。問題提起は、レポートの課題として与えられていることもあるが、自分で行わなければならないこともある。

　「レポートや論文では、何がいいたいのかがはっきり伝わる文章を書かなければいけない」と言われると、「いいたいことは自分でもわかりません。書きながら考えます」と答える人がよくいる。文章を書いているうちに考えがまとまってくるということもあるので、一見、これもよい方法のように思われる。しかしながら、この方法で失敗する例も頻繁に目にする。ああでもないこうでもないといろいろ述べたあと、終わり近くで本題に入り、かろうじて結論を述べたけれども尻切れとんぼに終わる……というものだ。

　「いいたいことがわからない」という人は、自分のレポートに「問題提起」があるかどうかを点検しよう。全体を書き始める前に下書きをするべきだが、万が一そのような時間がとれないような時でも、問題提起がしっかりとされていれば、論が大きく破綻することはない。

> **例　題**　次の文章は「『体育の家庭教師』についてのあなたの考えを述べなさい」というレポート課題に対して書かれたものである。この意見が展開されるもととなった問題提起を示しなさい。
> ① 体育の家庭教師は必要ない。
> ② 体育が苦手な子供でも一対一の指導によって体育を好きになるきっかけをつかむことができる。
> ③ 運動や身体についての充分な知識がない人は体育の家庭教師にはなってはいけない。

【解　答】
① 体育の家庭教師は必要だろうか。
② 体育の家庭教師の社会的意義は何だろうか。
③ 体育の家庭教師にはどのような人がなるべきだろうか。

Unit 21　根拠を示しながら書く

　序論―本論―結論の３部構成で書いているレポートや論文の本論部分には、結論にいたる説得力のある論が展開されなければならない。ここでは、理由を述べたり根拠を挙げたりするのが一般的である。理由の述べ方や根拠の述べ方については、次の例文を見てほしい。

> **例題**　次の文章において、問題提起に対する解答とその理由や根拠を挙げている部分を指摘しなさい。
> 　大学生の深夜アルバイトは規制するべきであろうか。これは大学が規制するべきである。なぜなら、深夜のコンビニや居酒屋のアルバイトがきっかけとなって生活のリズムが狂い、午前中の授業に出られなくなる学生がたいへん多いからだ。たしかに、大学生にとって時給の高い深夜アルバイトは魅力かもしれない。しかし、留年せずに順調に卒業できた場合の１年間の賃金と比較すれば、その深夜手当分はたいした金額ではない。

【解　答】
　これは大学が規制するべきである。なぜなら、深夜のコンビニや居酒屋のアルバイトがきっかけとなって生活のリズムが狂い、午前中の授業に出られなくなる学生がたいへん多いからだ。

　さて、この意見には、「規制する必要はない」という反対意見も出そうだ。その根拠は、「深夜アルバイトと午前中の授業を両立させる学生もいる」（実例の提示）とか「午前中の授業に出ないことで本人が受ける不利益は本人が甘受すべきものなので、大学が規制する必要はない」（根拠への反論）などがある。いずれも、「なぜなら……からだ」という呼応表現ではさめば、たちまち論理的な反論にできる。
　レポートや論文の文章は、このように、対立意見をもつ者どうしが根拠を示しながら議論できるような書き方でなければならない。

> **例　題**　次の文章のどちらが説得力があるかを判断しなさい。
>
> ①体育教員は必要に応じて体罰を行うべきだろうか。私は行うべきだと考える。なぜなら、私の高校時代の部活の監督はとても厳しい人で、不十分なプレーしかしない生徒には、よく、バレーボールを思い切りぶつけたり足払いをかけたりしていたからだ。このような厳しい指導のおかげで、私のチームは全国大会上位にまで勝ち進んだのである。
> ②体育教員は必要に応じて体罰を行うべきだろうか。私は、教員は体罰を行うべきではないと考える。なぜなら、体罰は学校教育法で禁止されているので、体罰を行えば法律に違反することになるからだ。

【解　答】
　　②

　根拠として挙げるものが客観性の高い事実であるほど説得力は増す。著者の実感のこもった実例を挙げるのが効果的な場合もあるが、実例の客観性が低い場合や因果関係が立証できない場合には、説得力に欠ける。上記①の場合、根拠は著者の個人的な体験（客観性に乏しい）であり、「体罰を行う」➡「私がそれを経験する」➡「私のチームが試合に勝つ」という因果関係は不明瞭である。たまたま個々にそういう事実があったとしても、因果関係はなかったかもしれない。

メモ：

Unit 22　事実を客観的に書く

❶ 主観的な印象や意見と客観的事実を区別する

次の例文はレポート・論文の文章としては不適切である。その理由を考えてみよう。

不適切な例文

　最終回の授業で、私が教室に入ると、学生たちは喜んでいた。目をきらきらさせ、好感をもって私を迎えた。授業中は静かだった。実は、学期のはじめには、学生たちは暗い表情で、やる気がなかったが、最終回はそうでなかったことから、私の開発した新しい作文教育法の授業にたいへん効果があったことがわかった。

　随筆やブログならばこれでもかまわない。しかし、レポート・論文の文章となると、問題である。この文章には客観的（誰が見てもそう思う）でない描写が多すぎる。
　まず、「学生たちは喜んでいた。目をきらきらさせ」は「私（執筆者自身）」の受けた印象である。少なくとも「学生たちは喜び、目をきらきらさせているように見えた」のように、自分の主観的な印象であることを明記しなければならない。「好感をもって」かどうかは学生本人にしかわからない。これも実は私の受けた印象にすぎない。「静かだった」ことも厳密に言えば基準を明らかにしなければならないので、少なくとも「私語をする人はいなかった」などの客観的事実によって静かであったことを示さなければならない。「暗い表情で、やる気がなかった」も著者の主観的な印象だ。「笑顔の学生はおらず、筆記具を出さない学生が大半だった」などのように客観性のある事実を書かなければならない。いずれにせよ、これらの根拠に基づく「私の開発した新しい作文教育の授業に大変効果があったことがわかった」という結論には、合理性がまったくなく、説得力に欠ける。

修 正 例

　最終回の授業で、教室に入った時、学生たちが喜び、目をきらきらさせているように見えた。授業中の私語はなかった。実は、学期のはじめには、笑顔の学生がおらず、筆記具を出さない学生が大半だったため、私にはこの学生たちが授業に対して積極的ではないように感じられた。しかし、最終回はそうではなかったので、私の開発した新しい作文教育法の授業の効果があった可能性がある。

❷ よく見かける例

次のような例は、よく見かけるものである。注意してみよう。

不適切な例文

　中学時代の私は悪いことばかりして親を心配させていた。しかし、高校に入り野球部で活躍するようになってから、私は変わった。クラブの先生の厳しい指導のおかげもあり、今の私がある。スポーツに打ち込むことは青年の成長にとってすばらしい影響を与えるのである。

　［注］「今の私」を理想的に成長した青年の例として挙げているようだが、このような主観的な表現を読者はどう感じるだろう。大学の授業で課されたレポートや論文では、このような自己PRを決して書くべきではない。

不適切な例文

　女性は子どもの小さいうちは仕事を辞めて母親業に専念するべきである。幼い子どもにとって母親の存在は大切であり、母親から十分に世話をされていない子どもにはいろいろな問題がおこるからだ。

　［注］女性教員であれば、「私にけんかを売ってるの？」と学生に尋ねるのではないか。女性教員に与える印象はさておいても、客観性と合理性が欠如した文章である。

不適切な例文

　最近は少年犯罪が増えているが、……。

　［注］すべての不適切な例文に共通することだが、何かを断定的に書く場合は、必ず適切なデータや典拠を示さなければならない。執筆者の主観的な思い込みを論文やレポートに書いてはならない。Unit 21 及び Column 11、Unit12〜15 の「引用・要約・参考資料の挙げ方」の作法をしっかり読み直しておこう。さて、あなたが引用しようとしている参考資料には信頼できるデータが掲載されているだろうか？

第4部
日常の日本語

Unit 23　敬語について理解する

❶ 敬語表現について

　大学新入生にアンケートをとると、「敬語について学びたい」という希望をもっている学生が多い。敬語については、高等学校までに既にある程度は学習してきただろうし、クラブやアルバイト先などで敬語の使い方を指導された人もいることだろう。それなのに、あえて「敬語について学びたい」という背景には、「うろ覚えであるが、もっときちんと学びなおしたい」とか「そもそもあまり理解できなかった敬語の仕組みをしっかり理解したい」という気持ちがあるようだ。あるいは、「今、自分が使っている敬語が正しいかどうかを点検したい」という人も少なくないだろう。いずれにせよ、「正しい敬語を指導してほしい」と思っているようだ。

　さて、言語は生き物であり、日本語も時と場所によって変化する。京都では「お客さんは午後に来るとゆうてはりました」というのは敬語である。また昔は「貴様」というのは敬語だったが、今では罵り言葉である。だから、「敬語の正しい使い方を学ぶ」ためには、まず、「正しさ」の基準を決めなければならない。

❷ 文化審議会の「敬語の指針」

　表23-1に、平成19（2007）年2月2日に文化審議会が答申した「敬語の指針」の内容をかいつまんで紹介する。

> 【文化審議会とは】
> 　文化審議会とは、それまでの国語審議会、著作権審議会、文化財保護審議会、文化功労者選考審査会の機能を整理・統合して、平成13（2001）年以来文部科学省に設置されている有識者会議である。文化審議会の任務の一つは、国語の改善およびその普及に関する事項を調査審議し、文部科学大臣、関係各大臣または文化庁長官に意見を述べることだ。
> 　皆さんが高校までで使用してきた国語教科書は、ほとんどの場合、文部科学省検定済みのものだろうし、先生方は学習指導要領を踏まえて授業を行っていたであろう。だから、その内容はこの答申をふまえたものであると考えてよい。

表23-1 文化審議会答申の「敬語の指針」より抜粋

「敬語の指針」の概要

指針の性格

敬語が必要だと感じているけれども、現実の運用に際しては困難を感じている人たちが多い。そのような人たちを主たる対象として、社会教育や学校教育など様々な分野で作成される敬語の「よりどころ」の基盤、すなわち〈よりどころのよりどころ〉として、敬語の基本的な考え方や具体的な使い方を示すもの。

敬語についての考え方

基本的な認識

敬語の重要性は、次の点にある。

① 相手や周囲の人と自分との間の関係を表現するものであり、社会生活の中で、人と人とがコミュニケーションを円滑に行い、確かな人間関係を築いていくために不可欠な働きを持つ。

② 相手や周囲の人、その場の状況についての、言葉を用いる人の気持ち(「敬い」「へりくだり」「改まった気持ち」など)を表現する言語表現として、重要な役割を果たす。

敬語は、人と人との「相互尊重」の気持ちを基盤とすべきものである。

敬語の使い方については、次の二つの事柄を大切にする必要がある。

① 敬語は、自らの気持ちに即して主体的に言葉遣いを選ぶ「自己表現」として使用するものである。

②「自己表現」として敬語を使用する場合でも、敬語の明らかな誤用や過不足は避けることを心掛ける。

留意すべき事項

(1) 方言の中の敬語の多様性
　　全国共通語の敬語と並ぶものとして、将来にわたって大切にしていくことが必要である。

(2) 世代や性による敬語意識の多様性
　　敬語の使い方の違いには、その敬語についての理解や認識の違いが反映していることを考慮するとともに、他者の異なる言葉遣いをその人の「自己表現」として受け止めることが大切である。

(3) いわゆる「マニュアル敬語」
　　場面ごとに過度に画一的な敬語使用を示す内容とならないよう注意する必要がある。ただし、マニュアル自体は敬語に習熟していない人にとっては有効である。

(4) 新しい伝達媒体における敬語の在り方
　　社会の各方面で、それぞれの目的や状況に即した工夫や提案がなされることを期待する。ここでも「相互尊重」と「自己表現」が原則である。

(5) 敬語についての教育
　　人が社会生活において敬語を活用できるようになる過程では、学校教育や社会教育での学習と指導が重要な役割を果たす。

表 23-1　文化審議会答申の『敬語の指針（答申）』より抜粋（続き）

敬語の仕組み

敬語の種類と働き

敬語は、以下の 5 種類に分けて考えることができる。（右側は従来の 3 種類）

5 種類			3 種類
尊敬語	「いらっしゃる・おっしゃる」型 相手側又は第三者の行為・ものごと・状態などについて、その人物を立てて述べるもの。		尊敬語
謙譲語Ⅰ	「伺う・申し上げる」型 自分側から相手側又は第三者に向かう行為・ものごとなどについて、その向かう先の人物を立てて述べるもの。		謙譲語
謙譲語Ⅱ （丁重語）	「参る・申す」型 自分側の行為・ものごとなどを、話や文章の相手に対して丁重に述べるもの。		
丁寧語	「です・ます」型 話や文章の相手に対して丁寧に述べるもの。		丁寧語
美化語	「お酒・お料理」型 ものごとを、美化して述べるもの。		

従来の 3 種類との関係

敬語は、「尊敬語」「謙譲語」「丁寧語」の 3 種類に分けて説明されることが多い。ここでの 5 種類は、従来の 3 種類に基づいて、現在の敬語の使い方をより深く理解するために、3 種類のうち、「謙譲語」を「謙譲語Ⅰ」と「謙譲語Ⅱ」に、また「丁寧語」を「丁寧語」と「美化語」に分けたものである

敬語の具体的な使い方

敬語の具体的な使い方に関する様々な疑問や問題点に対して、どのように使えば良いのか、また、どのように考えれば良いのかを、以下のような三つの節に分けて問答形式で解説（問いは、全部で 36 問）。

(1) 敬語を使うときの基本的な考え方（6 問）	
	（問いの例）敬語は、人間を上下に位置付けようとするものであり、現代社会には、なじまないようにも思う。どう考えれば良いのだろうか。
(2) 敬語の適切な選び方（12 問）	
	（問いの例）駅のアナウンスで「御乗車できません。」と言っているが、この敬語の形は適切なのだろうか。
(3) 具体的な場面での敬語の使い方（18 問）	
	（問いの例）保護者からの電話で、同僚の田中教諭の不在を伝えるときに、「田中先生はおりません。」と伝えたが、それで良かったのだろうか。それとも「田中はおりません。」と伝えた方が良かったのだろうか。

（出典）文化審議会答申『敬語の指針』平成 19（2007）年 2 月 2 日「『敬語の指針』の概要」pp.63-64, http://www.bunka.go.jp/bunkashingikai/soukai/（文化庁のサイト）、閲覧日：2015 年 2 月 20 日

❸ 答申の要点：敬語はなぜ重要なのか

答申の要点とは以下のようにまとめられる。

敬語は人と人との「相互尊重」の気持ちを基盤とすべきものである

敬語を使うのは、かならずしも相手を尊敬している場合とは限らない。

例えば、尊敬できない先生のことを仲間内では呼び捨てにしていても、その先生と直接話をする時には敬称をつけ、敬語で話すという人は多いだろう。その場合の敬語には尊敬の気持ちはこもっていない。だが、その先生の社会的な立場や自分との関係を尊重するという意味で敬意を込めているというふうに考えられる。逆に、このような敬語を使用しない場合には、別にそのつもりがなくても、挑戦的な態度をとっているように受け取られてしまうこともある。

現在の日本の社会では、大人どうしの人間関係で敬語を使用することは当然だと考えられている。そのため、それをどう使うか、使わないかによって、本人の意図するところと関係なく、人間関係をどのように構築したいかという態度を表現してしまうことになる点に注意しなければならない。

❹ 文章作成時に気をつけるべき敬語

それでは、文章作成時にはどのように敬語を用いるべきだろうか。まず注意しなければならないのは以下の点についてである。

文章作成時に、あなたがもっとも敬意を示すべき相手は「読み手」である

読み手を尊重しようという態度をもっていることを、作文の中の敬語の使い方で示すことができれば、文章を書いている書き手自身の品格が高まる。

これは読み手に敬語で語りかけるべきであるということではない。そうではなく、レポートや論文の中では、引用文や謝辞などの例外を除いて原則として敬語を使ってはならないということである。例えば、「高校のクラブの顧問の田中先生が私に体育大学に行くように勧めて下さった」というような文を作文でよく目にする。これは、第三者に向けて示す文章の中で自分の身内に対して敬語表現を使っているという点で不適切である。こういう場合には、仮に田中先生のことを作文の読み手である大学の先生よりもずっと尊敬していたとしても、田中先生には敬語は使わない。敬語の使用は、対象への尊敬の有無ではなく、その文脈で敬意を示す人が誰かによって判断しなければならないのである。

Unit 24　第三者に向けて身内のことを述べる場合の敬語

　第三者に向けて身内のことを述べる場合には、敬語をどう使うかではなく、敬語を使わないようにすることに注意が必要である。

> **例題**　第三者に向けて身内のことを述べている次の文章で、不適切な部分を書きなおしなさい。
>
> 　私が大阪体育大学を志望した理由について述べるには、田中先生のことについて書かなければならない。私が高校生の時に野球部の顧問だった田中先生は素晴らしい人だった。田中先生には土日も祝日も返上して熱心に部活をご指導していただいた。私はいつしか、田中先生の卒業した大阪体育大学へ行って田中先生のような体育教師になりたい、と考えるようになった。たまたま同じ高校から2年早く進学していたスポーツ教育学科の川上先輩も大阪体育大学へ行くことを強く勧めて下さった。父母とおじいちゃんも賛成してくれた。

　この例文はどこに問題があるのだろうか。まず、登場人物を整理してみよう。外部の人間である読者に対して、筆者の身内としては「田中先生」「川上先輩」「父」「母」「おじいちゃん」が登場している。まずこれらの身内に対しては「敬語は使わない」というのが原則であることを確認したい。高校教員である田中先生に付されている「先生」は職業に関連する社会習慣上の呼称にすぎないのでそのままでよいとして、「川上先輩」「おじいちゃん」はそれぞれ「川上さん」「祖父」のように書き換えるべきだろう。「ご指導していただいた」「勧めて下さった」もおかしい。これらは敬語にしてはいけない。

　そもそも「ご指導していただいた」は尊敬語だとしても間違っている。「ご指導いただいた」か「指導していただいた」かのどちらかでなくてはならないが、これらが混ざった用法になっている。「お（ご）〜する（〜は動詞）」は謙譲語であるので、謙譲語と混同しているようにも見える。

【解答】

　私が大阪体育大学を志望した理由について述べるには、田中先生のことについて書かなければならない。私が高校生の時に野球部の顧問だった田中先生は素晴らしい人だった。田中先生は土日も祝日も返上して熱心に部活を指導してくれた。私はいつしか、田中先生の卒業した大阪体育大学へ行って田中先生のような体育教師になりたい、と考えるようになった。たまたま同じ高校から2年早く進学していたスポーツ教育学科の川上さんも大阪体育大学へ行くことを強く勧めてくれた。父母と祖父も賛成してくれた。

Column 15　「先生」の使い方

　教師の他に「先生」をつける慣例があるのは、医師、弁護士、代議士、著述家、芸術家などであるが、これらは「〜氏」などの呼び方も一般的であり、レポート・論文などの中ではその方が違和感がない。あるいは、著述家や芸術家などをはじめとする有名人はあえて呼び捨てにしたりする（例：村上春樹、岡本太郎、宇多田ヒカルなど）。これは「敬意を込めた敬称略」と呼ばれる習慣である。一方、小中高の教員や幼稚園の先生などを「〜氏」「〜さん」と呼ぶことには違和感がある。これらの人々に対する「先生」という呼称は、敬称としてよりも教師という特定の職業に就いている人に対する慣習的な呼び方としての意味が強いといえる。

Column 16　主な敬語動詞一覧表

[日常語]	[尊敬語]	[謙譲語]
する	なさる	いたす
行く	いらっしゃる	伺う・参る・あがる
来る	いらっしゃる・おいでになる	参る
言う	おっしゃる	申し上げる・申す
いる	いらっしゃる	おる
見る	ご覧になる	拝見する
聞く	お聞きになる	拝聴する・伺う・承る
食べる	召し上がる	いただく
着る	お召しになる・召す	着させていただく
くれる	くださる	×
訪ねる	お訪ねになる	伺う
思う	お思いになる	存じる
知る	知っていらっしゃる・ご存知	存じる
会う	お会いになる	お目にかかる
わかる	おわかりになる	承知する
あげる（やる）	おやりになる	さしあげる

※一般に、動詞は、「お○○になる」（○○が和語）、「ご○○になる」（○○が外来語）、「○○なさる」とすることで尊敬語にすることができる。また、○○＋「れる」（あるいは「られる」）のように尊敬の助動詞をつけて尊敬語にすることができる。

Column 17　尊属名詞一覧表

本人との関係	尊属名詞（続柄）	話し言葉
お父さん	父	
お母さん	母	
お兄さん	兄	
お姉さん	姉	
お祖父さん	祖父	
お祖母さん	祖母	
おじさん（親の兄）	伯父	おじ
おじさん（親の弟）	叔父	おじ
おばさん（親の姉）	伯母	おば
おばさん（親の妹）	叔母	おば
ひいお祖父さん	曽祖父	
ひいお祖母さん	曽祖母	
義理のおじさん（親の姉の結婚相手）	義伯父	義理のおじ
義理のおじさん（親の妹の結婚相手）	義叔父	義理のおじ
義理のおばさん（親の兄の結婚相手）	義伯母	義理のおば
義理のおばさん（親の弟の結婚相手）	義叔母	義理のおば
義理のお兄さん	義兄	義理の兄
義理のお姉さん	義姉	義理の姉
義理のお父さん	義父	義理の父
義理のお母さん	義母	義理の母

Unit 25　電子的な活字文書の作成

　現在、配布される文書のほとんどは手書きではなく、ワープロソフト等を用いて作る活字による文章である。教育の現場では手書きによる文章作成訓練が行われるのが未だ一般的であろう。しかし、仕事の現場では手書き文書をやりとりすることはあまりない。
　なぜだろうか。
　ワープロ等が非常に安価に手に入るようになったことはもちろんその理由である。しかし、安価とはいっても、鉛筆などの筆記用具に比べれば高価、かつ手軽さに欠け、これだけで電子的に活字文書の作成を行う理由にならない。電子的に作成した活字文書には次の特徴がある。

> ① 可搬性が高い。
> ② 検索性が高い。
> ③ 複製が容易。
> ④ くせ字などが原因となる文書の誤解が生じ得ない。
> ⑤ 再利用し易い。

　逆にいえば、これらの特徴が利点にならなければ、電子的な活字文書にする必要はない。一点物の見た目に凝った暑中見舞いや、私的な買い物メモ、一度しか作らないレポートなどは、手書きの方が効率的であることが多い。
　電子的な活字文書を作成する理由は、上に挙げた特徴が利点になるからである。特に、特徴②〜④は電子的に活字文書を作成するだけで、自動的に享受できる利点である。しかし、特徴①と⑤は、決まりを守らなければ十分な恩恵を得られない。
　以下で指摘する規則の裏にある考え方は、特徴①と⑤の恩恵を最大化することにある。本書ではその詳細は解説しないが、各自で考察してみることをお勧めする。

❶ 基本的な規則

　まず、基本的な二つの規則を確認しよう。

基本規則1：日本語の規則を守る

　当たり前であり、あえて注意する意味があるのかと感じるかも知れない。しかし、実際には、以下のような間違いをよく見かける。

手書き例

大学とは、まず最初に、「学問の場」である。ここでいう学問とは、既成の知識や理論をそのまま学ぶだけでなく、それらが成立した過程を問い、時には既成の知識や理論を疑い、新たな視点を提起し、知識や理論を更新する営みである。つまり、大学とは「問うこと」を通して知識を学び真理を探究する場であるといえよう。

それにくわえて、今日の大学は「専門職への準備の場」でもある。それは大学に入学した学生たちが……

↓

間違い例1「句点ごとの改行」

大学とは、まず最初に、「学問の場」である。
ここでいう学問とは、既成の知識や理論をそのまま学ぶだけでなく、それらが成立した過程を問い、時には既成の知識や理論を疑い、新たな視点を提起し、知識や理論を更新する営みである。
つまり、大学とは「問うこと」を通して知識を学び真理を探究する場であるといえよう。
　それにくわえて、今日の大学は「専門職への準備の場」でもある。それは大学に入学した学生たちが……

間違い例2「段落以外の位置で改行」

　大学とは、まず最初に、「学問の場」である。ここでいう学問とは、既成の知識や理論をそのまま学ぶだけでなく、それらが成立した
過程を問い、時には既成の知識や理論を疑い、新たな視点を提起
し、知識や理論を更新する営みである。つまり、大学とは「問うこと」
を通して知識を学び真理を探究する場であるといえよう。
　それにくわえて、今日の大学は「専門職への準備の場」でもある。それは大学に入学した学生たちが……

図 25-1

志望の動機、特技、好きな学科など

　　　特技はサッカーで、好きな学科は体育です。

間違い1: 志望の動機の記述が無い（問われていることに答える）
間違い2: 空白が多い（8割以上埋める）
間違い3: 毛筆体（特殊な字体は不適切）
間違い4: 大きな文字（空白を文字を大きくして誤魔化すのは不適切）

図 25-2

基本規則 2：見た目に過剰にこだわらない

　一般に仕事等で使う、ワープロ等を用いて作る活字文書には型が定められていることが多い。原則として、この型を自分の好みに変えてはならない。また、型に合っていたとしても、自分の好みの見た目になるようさまざまな箇所を細かく微調整しない方がよい。とくに雑誌等に掲載される文書の場合、見た目を調整するのは編集者である。執筆者が見た目に過剰に凝った原稿は、編集者の調整作業を妨げることが多い。

❷ 一般的な規則

　とくに型が定められていないワープロ等を用いて作る活字文書については、以下の規則に准じて文書を作るとよい。

- 表題、箇条書き、中央寄せ、右寄せ、左寄せ、表などの文章要素は、対応するワープロ等に備わる機能を用いて実現する。「スペース」等を繰り返すことでこれらを実現してはならない。
- 英字、数字はすべて半角に統一する[1]（☞ Column2：11頁も参照）。
- 利用フォント（字形）は、日本語「ゴシック体」「明朝体」、欧文「Courier」「Helvetica」[2]「Times」等以外はなるべく使わない。「ゴシック体」[3] は見出し、強調箇所で用いることが多く、明朝体は本文で用いる。日本語をイタリック化することはほとんど無い。
- 本文で使われるフォントの大きさは 10 〜 12 ポイントである。基本的に本文の文字の大きさは揃えなければならない。
- 環境依存文字[4]の利用はなるべく避ける。また、仕方なく使う場合はフォントを埋め込むか付属させる（☞ Column 19：68頁 も参照）。

---

1) 1桁の数字は全角、2桁以上だと半角にする場合もあるが、これは適切な文字間隔を調整できないワープロ機等を使っていた時代の名残である。現在はすべて半角でも自動的に文字間隔が調整される。
2) Windows では Helvetica の代わりに Arial を用いることが多いようである。
3) ゴシック体はそもそも強調のために用いる書体であり、強調のためにゴシック体をさらに太文字化する必要はない。
4) 環境依存文字の例としては ㈱ © ② ♯ § などがある。

Column 18 ワープロソフトとDTP

　ワープロソフトは定型化された活字文書を書くことを目的とするソフトウェアであり、タイプライターがその源流である。最も標準的なものが Microsoft Word だが、無料で使えるものとして Apache OpenOffice に含まれる Writer などもある。

　ワープロソフトは、あまり複雑なレイアウト情報をもたない定型化された文書を作る目的で開発されたソフトウェアであり、新聞紙面や広告紙面、書籍など複雑なレイアウトをもつ文書を作成するのには向かない。これら複雑な紙面を作成するためのソフトが DTP（Desktop publishing）ソフトである。主要な DTP ソフトとして、QuarkXPress や InDesign などがあるが、かなり高価である。無料で使えるものとしては Scribus, TeX などがある。

Column 19 フォントについて

　一般に文字の形をフォントと呼ぶ。フォントの大きさは歴史的にポイント、単位 pt で示され、1pt は約 0.3527mm である。また、フォントは大別して、すべての文字の幅を同じ大きさで揃えた等幅フォントと、各文字の幅を見た目に配慮し調整したプロポーショナルフォントがある。原稿用紙や均等割り付けで使われるフォントは等幅、それ以外はプロポーショナルを用いるとよい。

　電子的に活字文書を作る場合、機器によって使えるフォントは異なることが多い。明朝体、ゴシック体などの一般的な書体でも、例えば Windows と MacOS で微妙に文字の形が異なる。同じソフトで作成しても、機器ごとに自動的にフォントが置換され、見た目が違ってしまうことはよくあることである。どの機器でもほぼ同じ見た目になるようにできる電子文書の形式として開発されたのが Adobe 社の PDF（Portable Document Format）であり、現在、電子的な活字文書の配布形式として事実上の標準となっている。

　Word 等で作成された電子的な活字文書を PDF 形式へ変換し、さらに、フォントを埋め込むことで、どの機器でもほぼ完全に同じ見た目を保てる電子活字文書を作成することができる。なお、フォントデータは著作物であり、どのような利用の仕方が許されるのかはフォントにより異なる。一般に印刷するために使うことは問題が無い。しかし、フォント情報を埋め込んだ電子文書の配布の際には注意が必要である。

Unit 26　改まった手紙の書き方

❶ 通信文の特徴

　他の人に自分の意思や用件を知らせるために最もよい方法は、直接相手に会って話すことであろう。ところが、いろいろな事情で直接会って話すことができない場合もある。そういう場合、自分の代わりに相手に自分の意思や用件を伝える文章が通信文である。改まった場合の通信文には手紙・はがき・電報の3種類がある。そのうち代表的なものが手紙である。相手と向かいあって直接話す場合は、語調・表情・態度などが言葉による伝達の不足を補ってくれるが、手紙ではそれがないこと、また、手紙では目の前にいない相手に一方的に話す形になること、などに注意したい。

手紙を書くための要点

1) 用件を明確に伝えること（不明な点や誤解される点のないようにすること）。
2) なるべく簡潔な文章で書くこと。
3) 相手に失礼にならないように書くこと。

❷ 手紙の基本的な形式

［1］前　　文

①書き出しの言葉（頭語）
　◉一般的な場合：拝啓（結語として「敬具」で結ぶ）
　◉前文省略の場合：前略（結語として「草々」で結ぶ）
　　●丁寧に書く場合：謹啓（結語として「謹言」で結ぶ）
　　●急ぎの場合：急啓（結語として「不一」で結ぶ）
　　●返事の場合：拝復（結語として「敬具」で結ぶ）
②時候の挨拶：「盛夏の候」「若葉が目に鮮やかな今日この頃です」
③先方の安否を尋ねる：「ご健勝のこととお喜び申し上げます」
④当方の安否を述べる：「私も元気で大阪での新生活を送っています」
　［注］お悔やみの手紙など、凶事の際の通信においては、前文は書いてはいけない。

[2] 主　文

⑤主文の書き起こし：「さて」「ところで」「実は」
⑥主文の内容：手紙の用件を記す大切な部分である。相手に用件を正確に伝え、納得してもらうために、わかりやすく簡潔に書くことが肝要である。
⑦終わりの挨拶：相手の健康や幸福を祈ったり、伝言を依頼したりすることが多い。
⑧結びの言葉（結語）：前文の頭語（書き出しの言葉）と対応させる。①を参照。
　［注］女性の場合には「かしこ」でもよい。その場合の頭語（書き出しの言葉）は、「一筆申し上げます」などを使用する。

[3] 後付け

⑨日　　付：本文より２〜３字下げて、やや小さめの字で書く。
⑩署　　名：本文の下より２〜３字上げて姓名を書く。
⑪宛　　名：相手の姓名を書く。差出人の次の行の上に、日付より上、本文よりやや下に書く。
⑫敬　　称：一般には「様」、公用文では「殿」（様に変わりつつある）、団体には「御中」、恩師には「先生」、複数の人を対象にした個人宛には「各位」を使う（「会員各位」など）。
　［注］改まった場合には「脇付」を用いることもある。敬称の左下に、最後の一字が敬称の文字と重なるくらいの位置に書く。

　例）目上の人に対して「侍史」、同輩に対して「机下」、父母に対して「御前」、女性に対して「みもとに」

[4] 添え文

改まった手紙の場合は書いてはいけない。書き残したことがあれば、「追伸」「二伸」「なお」として短く書き添える。本文の後、１〜２行空けて少し下げて書く。

メモ

Unit 26 改まった手紙の書き方

letter page 1 (right):

拝啓　盛夏の候となりました。先生にはますますご健勝のこととお喜び申し上げます。元気で大阪での新生活を送っております。私も大学進学のためにこちらに来てから早くも三ヶ月が経ちました。初めての一人暮らしで戸惑いましたがようやく慣れて参りました。時間に追われるように忙しい毎日ですが、友人もでき、楽しく勉学やクラブ活動に励んでおります。クラブは高校三年間、先生にご指導いただいた陸上競技部に入部いたしました。

ここで、私の一日を紹介いたします。まず、朝の七時ごろに起きます。八時三十分頃よりグラウンドにて自主トレーニングをし、十六時ごろよりクラブ活動に参加するといった毎日です。クラブの後片付けをして、十九時ごろに帰宅して食事・入浴をすませますと二十一時ごろになってしまいます。その頃には一日の疲れが出て参りますが、眠いのをぐっとこらえ、宿題のレポートや予習復習に取り組むといった毎日です。

letter page 2 (left):

大学の講義は、一口に申しますと「体育」というものをいろいろな角度から総合的に学ぶというもので、今まで何気なく考えたり行っていたものを学問的に体系立てて学べるので、興味深く楽しく学んでいます。

クラブ活動については、入学前は、体力的・精神的に大学のクラブ活動について、いけるのかという不安がありましたが、先生に高校三年間、厳しく鍛えていただいたお陰でなんとかついていけていますので安心しています。これも先生のご指導のたまものと感謝いたしております。今後とも先生の「運動選手である前に一人の学生たれ」という先生のお教えを実践しながら、体育教員になるという自分の夢に向かって邁進していく覚悟です。よろしくご指導ください。

末筆ながら先生のますますのご活躍をお祈りいたします。

敬具

七月O日

大体 由美子

大阪太郎先生

図 26-1　手紙の文面例

Column 20　手紙を書く場合の禁則と便箋の取扱い

【禁　　則】
- 行頭に書いてはいけないもの：「私」「両親」など、自分側の呼称
- 行末に書いてはいけないもの：「あなた」「貴社」などの相手側の姓名や敬称
- 2行にわたって書いてはいけないもの：人名、金額、敬称など

【便箋の使用についての注意事項】
- 一般的には白紙か罫線の入ったもの。目上の人・お悔やみ・依頼の場合、色刷りや模様入りの便箋は避ける。
- 便箋の代わりに原稿用紙やレポート用紙を用いるのは失礼になる。
- 便箋が1枚で終わる場合には、同じ便箋を1枚添える。
- 便箋が2枚以上にわたる場合
  (1) 所定の欄にページ順を示す番号を入れる。
  (2) 後付けの部分が2枚にわたらないようにする。

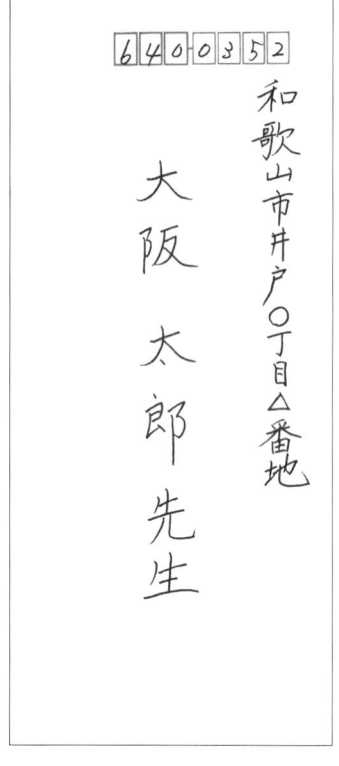

図 26-2　封書の書き方（表）

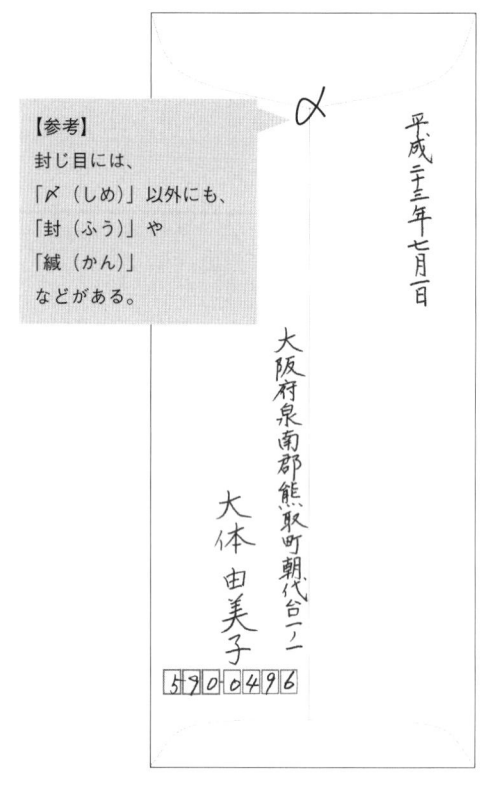

図 26-3　封書の書き方（裏）

【参考】
封じ目には、「〆（しめ）」以外にも、「封（ふう）」や「緘（かん）」などがある。

Column 21　時候の挨拶一覧

松の内 1月1日～1月7日	新春の候 希望にあふれる新年を迎え、心も新たにしております。		
1月	厳寒の候 寒気ことのほか厳しく……。	7月	盛夏の候 暑さ厳しき折から……。
2月	余寒の候 立春とはいえまだ寒い日が続いておりますが……。	8月	残暑の候 暦の上では秋となりましたが……。
3月	早春の候 ひと雨ごとに春の気配が……。	9月	初秋の候 ひと雨ごとに秋も深まり……。
4月	春暖の候 春雨の煙る季節……。	10月	秋冷の候 秋晴れの毎日で……。
5月	新緑の候 藤の花が薫風に揺れ……。	11月	晩秋の候 落ち葉散りしく今日このごろ……。
6月	初夏の候 梅雨寒のこのごろ……。	12月	寒冷の候 今朝もちらちらと風花が舞って……。

※「～の候」ではない方については、実感が伴わない場合は避ける。

Unit 26 改まった手紙の書き方

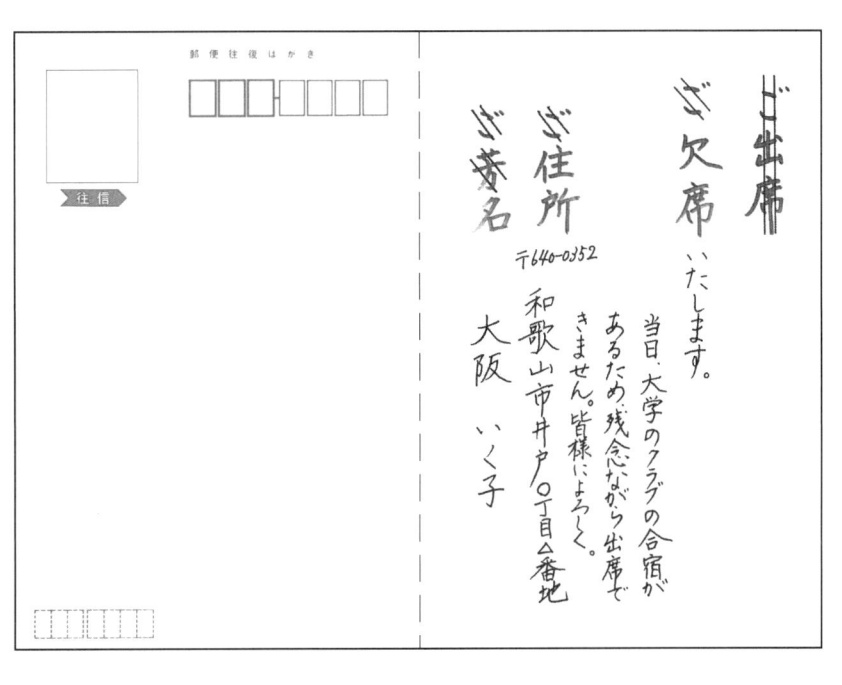

図 26-4 葉書の文面例(往信面)

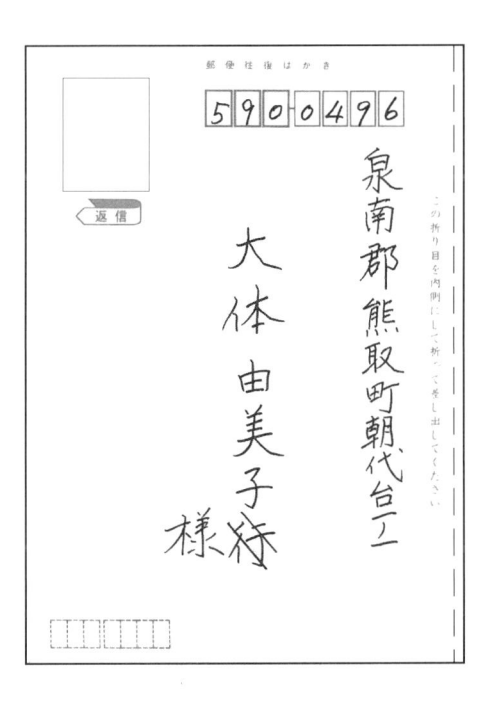

図 26-5 葉書の文面例(返信面)

※返信の際には、折り目で切り離して、返信の方だけ送る。

Unit 27　電子メールの書き方

　通信網、とくにインターネットの発達に伴い、紙ではなく、電子メールを使いメッセージをやりとりすることが私的にも公的にも一般化した。電子メールは、コンピュータネットワークを通じて、電気的な信号として文字メッセージをほぼ瞬間的に送受信する、電話と郵便との中間的な性質をもつコミュニケーション手段だといえる。

　電子メールは、非常に有用なコミュニケーション手段ではあるが、一般には手紙よりも気軽に利用されることが多く、また送付先の指定も簡単に行える。結果的に、不適切な内容を含むメッセージを送ってしまうことや、送付先を間違えることも頻発する。また、複数の人に同じ情報を安価に送れるため、宣伝などの、受信者の意向を無視したスパムメール[1]が送られるなどの問題も発生している。

　このように、電子メールはさまざまな問題を含んだ通信手段であることから、その使い方のマナーについて書かれたものが比較的早くからインターネット上に公開されている。最も基本的なマナーについての規程は、IETF[2]による『RFC1855』[3]に載せられている。しかし、この文章はかなり長い。従って、本テキストでは、『RFC1855』をそのまま引用せず、その背後にある三つの基本的な考え方について解説する。

❶ 電話に近いコミュニケーション手段であること

　電子メールは電話と郵便との中間的な性質をもつコミュニケーション手段である。「メール」つまり「手紙」と名づけられているため、郵便に近い利用法がマナーに適うと考えてしまいがちであるが、実際には、電話に近いコミュニケーション手段である。

　電話をかけるとき、私たちは自分が誰なのか、また、何の用件で、誰に用事があるのかをまず相手に伝える。また、なるべく簡潔に、用件のみを相手に伝える。電子メールも同様である。具体的には、次を守る必要がある。

> ① なるべく冒頭で誰宛てなのかを記す。
> ② なるべく冒頭で送付人が誰なのかを記す。
> ③ 何の用件なのかを、「件名」[4]において明らかにする。
> ④ 時候の挨拶や、「拝啓」「敬具」などの、用件と関係のないものを本文中に記さない。

---

1) 受信者の意向を無視して、無差別かつ大量に一括して送信されるメッセージ。
2) Internet Engineering Task Force.
3) http://tools.ietf.org/html/rfc1855、ネチケットガイドラインと呼ばれる。
4) 電子メールソフトによっては Subject と記されている場合もある。

❷ 共有資源であること

　電子メールはインターネットを介した通信の手段である。インターネットはさまざまな事業者や個人が互いのネットワークを相互に乗り入れ、融通し合うネットワークのネットワークであり、通信可能な情報量にはもちろん上限がある。

　インターネットで送受信される情報は、その仕組み上、情報の送・受信者の属するネットワーク以外の第三者のネットワークを経由することが多い。つまり、情報伝達経路の安全性と確実性は保障されておらず、ある通信にかかる費用の一部を送・受信者以外の第三者が負担している可能性は大いにあり得る。また、そこに接続される機器は多種多様である。電子メールを送る基盤であるインターネットは世界中の皆が自由に利用できる共有資源なのである。

　このように考えると、次のような規則が電子メールに対して定められていることは素直に納得できるだろう。

---

① クレジットカード番号やパスワードなど他人に知られたくない個人情報や非公開情報などは電子メールに記さない[5]。

② 重要なメールを受け取った場合は、速やかに受け取ったことを知らせる短い返事を返す。

③ 必ずしも相手先に届く保証の無い通信手段であることを念頭に置く。

④ 容易に改ざんし得る通信手段であることを念頭に置く。

⑤ 幸運の手紙（不幸の手紙）などの、不特定多数の人に同じ内容を転送することを求めるメールは、たとえ問題のなさそうなものでも送信しない[6]。

⑥ 容量の大きなファイルを電子メールに添付しない[7]。

⑦ 環境依存文字（絵文字）や半角カタカナを使わない[8]。

⑧ 英数字はなるべく半角文字を用いる[9]。

---

[5] PGPやS/MIMEなど、電子メールを暗号化する方法はあるが、未だに広く使われているとはいいがたい。

[6] このようなメールは、チェーン・メールと呼ばれ、インターネットでは禁止されている。

[7] 本稿執筆時点では、電子メールに添付できる最大容量は10Mbyte程度（一般的なデジタルカメラで撮影した写真1〜2枚程度）である。場合によっては1Mbyteでも大きすぎるとして、受信拒否される可能性がある。

[8] ①、②、③、㈱、㈲、ｱ、ｲ、ｳや携帯電話の絵文字などが該当する。機種依存文字は、特定の機械のみで使える文字、半角カタカナは日本特有の文字であり、世界中の人が利用するインターネットで使用するのはマナー違反である（☞ 67頁も参照）。

[9] 全角英数字を使うことが禁じられている訳ではない。しかし、電子メールはどのような端末で読まれるのかわからないため、必要のない場合は、どんな端末でもほぼ間違いなく読める半角英数字のみを用いた方がよい。

❸ 受取人の立場に立つこと

　電子メールは、基本的には文字のみを用いるさまざまな人とのコミュニケーションの手段であり、誤解や間違いの起こりやすい通信手段であることを忘れてはならない。つまり、受け取り手の立場に配慮したメールを送るよう心掛けなければならない。

　具体的には、以下の9項目が挙げられるであろう。

---

① 簡潔、かつ誤解を招かない表現を心がける。
② 送信前に送り先を再確認する[10]。
③ 1行は32～33文字程度とする[11]。
④ 添付ファイルの個数は多くても五つ程度とする[12]。
⑤ CCとBCCを適切に使い分ける[13]。
⑥ 段落を1字下げではなく、1行空けで示す[14]。
⑦ 新規にメールを作成する際は、新規メールの作成ボタン（コマンド）を用いる。
⑧ メールを返信する際は件名を変えず、返信ボタン（コマンド）を用いて行う。
⑨ 適切な引用を心がけると同時に、出典を必ず明らかにする。

　項目9の引用の実際については二つの流儀があることを覚えておくとよい。一つは、相手のメールの文面をすべて文末に引用する方法[15]、二つ目は必要がある度に、最低限の部分だけ引用する方法[16]である。前者は、何度もやり取りされるメールにおいて、話の流れが重

---

10) とくに複数の人が回覧するメーリングリスト宛ての返信になっていないかどうかを確認する。
11) これは日本語のメールの場合であり、英文メールでは65文字程度である。なお、メールの受け取りが携帯電話の場合はこの限りではない。携帯電話以外で電子メールを受け取る場合、多くの電子メールソフトでは適当な位置で文章を折り返さないことが多い。結果的に改行の無いメールは非常に読みにくいものになってしまう。
12) 添付ファイルの個数が三つを超えるような場合は、複数のファイルを一つにまとめる圧縮ソフト（アーカイバソフト）を活用する。現在では、zip形式とするのが一般的である。たくさんの添付ファイルが付けられたメールの添付ファイルを一つずつ保存することは場合によっては、かなり手間のかかる作業となる。
13) CCに書かれたメールアドレスは受信者に伝わるが、BCCに書かれたメールアドレスは受信者には伝えられない。多数の人にメールを送る必要があるが、受信者同士が互いのメールアドレスを知るべきでないときにBCCに受信者のアドレスを列挙する。なお、このとき、受取人（TO:）には送信者自身のメールアドレスを記すことが多い。
14) これは文面の見易さを優先した規則である。未だコンピューターのディスプレイは紙の上に印刷されたものに比べ、十分な解像度をもつとは言い難く、段落を1字下げで表すより、1行空けで表す方がかなり見やすい。
15) 図27-3参照。
16) 図27-4参照。

Unit 27　電子メールの書き方

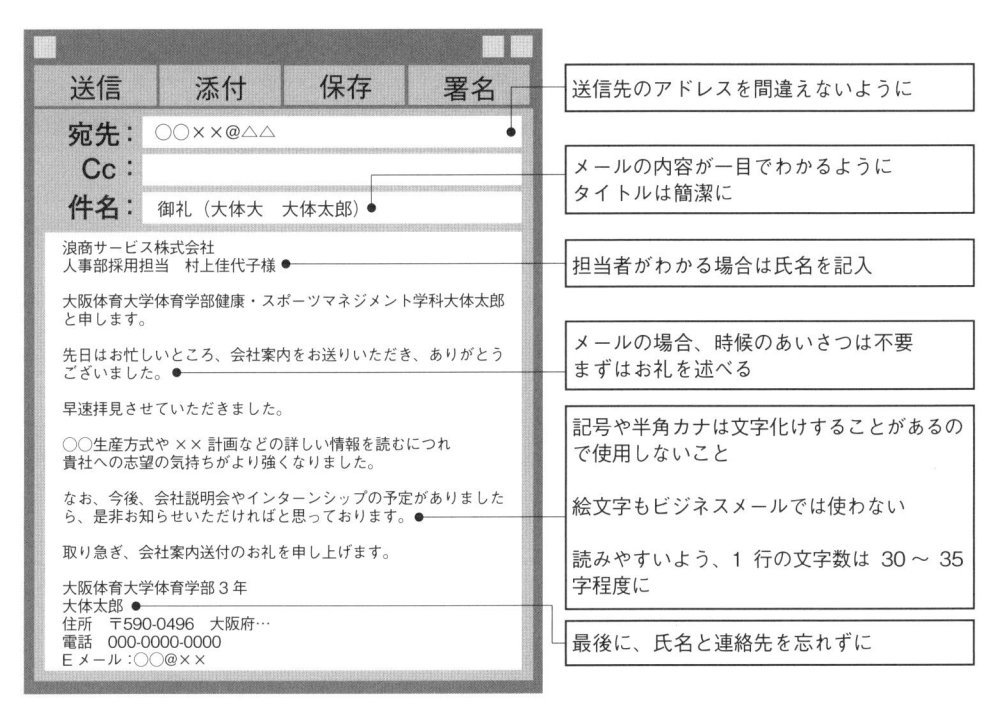

```
┌─────────────────────────────────────┐
│ ┌──────┬──────┬──────┬──────┐        │
│ │ 送信 │ 添付 │ 保存 │ 署名 │        │─── 送信先のアドレスを間違えないように
│ ├──────┴──────┴──────┴──────┤        │
│ │宛先：○○×××@△△            │        │
│ │Cc：                       │        │
│ │件名：御礼（大体大　大体太郎）│●──── メールの内容が一目でわかるように
│ ├───────────────────────────┤        │   タイトルは簡潔に
│ │浪商サービス株式会社         │        │
│ │人事部採用担当　村上佳代子様●─────── 担当者がわかる場合は氏名を記入
│ │                           │        │
│ │大阪体育大学体育学部健康・ス │        │
│ │ポーツマネジメント学科大体太郎│        │
│ │と申します。                │        │
│ │先日はお忙しいところ、会社案内│        │
│ │をお送りいただき、ありがとう│●────── メールの場合、時候のあいさつは不要
│ │ございました。              │        │   まずはお礼を述べる
│ │早速拝見させていただきました。│        │
│ │○○生産方式や××計画などの詳│        │─── 記号や半角カナは文字化けすることがあるの
│ │しい情報を読むにつれ         │        │    で使用しないこと
│ │貴社への志望の気持ちがより強く│        │
│ │なりました。                │        │─── 絵文字もビジネスメールでは使わない
│ │なお、今後、会社説明会やインタ│        │
│ │ーンシップの予定がありました │●────── 読みやすいよう、1行の文字数は 30～35
│ │ら、是非お知らせいただければと│        │   字程度に
│ │思っております。            │        │
│ │取り急ぎ、会社案内送付のお礼を│        │
│ │申し上げます。              │        │
│ │大阪体育大学体育学部3年      │        │
│ │大体太郎                    │●────── 最後に、氏名と連絡先を忘れずに
│ │住所　〒590-0496　大阪府…   │        │
│ │電話　000-0000-0000         │        │
│ │Eメール：○○@××           │        │
│ └───────────────────────────┘        │
└─────────────────────────────────────┘
```

図 27-1　電子メールの書き方

要（誤解を避けるために大切）だと考えるときに用いる方法であり、後者は、引用箇所をはっきりさせた、簡潔さを重視するメールにおいて用いる方法である。ただし、どちらの場合でも、引用箇所をはっきりと示すため、一般には「>」記号の後に引用箇所を記すことが多い。また、引用を原文のまま行わなければならないことはいうまでもない。

図 27-1、27-2 は就職活動に用いる電子メールの書き方の簡単な解説と文例である。また、図 27-3、27-4 は図 27-2「セミナーの日程を問い合わせる」メールを引用する 2 通りの例である。

❹ 携帯メールに関する注意

携帯メールは一般に個人的なものであることが多く、就職活動などの公式の場面ではとくに指定された場合を除き、使われない。顔文字や AA（アスキーアート）、絵文字も同様である。また、以下のようなメールアドレスは相手先のシステムによってはさまざまな問題を引き起こす。控えるべきである。

```
taidaitarou.@ouhs.ac.jp（@ の直前にピリオドがある）
taidai..tarou@ouhs.ac.jp（ピリオドが連続使用されている）
-taidai-tarou@ouhs.ac.jp（メールが英数字で始まっていない）
```

資料の送付を依頼する

件名（subject）
会社案内送付のお願い

浪商サービス株式会社
人事部御中

大阪体育大学体育学部の大体太郎と申します。

貴社のHPを見て、貴社の企業理念、商品開発への取り組みを私なりに理解することができました。そのうえで、選考へのエントリーを決意しています。

つきましては、ぜひとも貴社についての詳細を知りたく、会社案内などの資料を下記連絡先までお送りいただきたいと思っております。

お忙しいところ恐れ入りますが、なにとぞよろしくお願いいたします。

住所：〒590-0496
大阪府泉南郡熊取町朝代台1-1
氏名：大体太郎
電話：00-0000-0000
携帯：000-0000-0000
Eメール：○○＠△△…
………………………………
大阪体育大学体育学部
健康・スポーツマネジメント学科
大体太郎
………………………………

セミナーの日程を問い合わせる

件名（subject）
会社説明会日程のお問い合わせ

浪商サービス株式会社
人事部採用担当　村上佳代子様

大阪体育大学体育学部の大体太郎と申します。

本日は、貴社会社説明会の日程についてご連絡させていただきました。日程がお決まりでしたらお教えいただけませんでしょうか。

ご面倒かとは思いますが、お返事はメールでお願いします。

もし他の方法で告知される予定でしたらその方法をお教えいただければ幸いです。

また、インターン募集の予定などがありましたら、ぜひともお知らせいただけたらと思っています。

お手数をおかけいたしますが、なにとぞよろしくお願いいたします。

住所：〒590-0496
大阪府泉南郡熊取町朝代台1-1
氏名：大体太郎
電話：00-0000-0000
携帯：000-0000-0000
Eメール：○○＠△△…
………………………………
大阪体育大学体育学部
健康・スポーツマネジメント学科
大体太郎
………………………………

OB・OG訪問のお礼

件名（subject）
OB訪問のお礼

浪商サービス株式会社
営業部　長尾俊郎様

本日はお忙しい中、貴重なお話をありがとうございました。

長尾様のお話からは職場の雰囲気がよくわかり、興味深く、大変勉強になりました。

特に「チームが成長する」ための組織づくりという考えを社員の皆さんが共有しているという点に会社のポリシーを感じました。ぜひこのような環境の中で自分を成長させたいと思いました。

今後、ご相談することもあるかと思いますが、その際にはなにとぞよろしくお願いいたします。

住所：〒590-0496
大阪府泉南郡熊取町朝代台1-1
氏名：大体太郎
電話：00-0000-0000
携帯：000-0000-0000
Eメール：○○＠△△…
………………………………
大阪体育大学体育学部
健康・スポーツマネジメント学科
大体太郎
………………………………

図27-2　電子メールの文例

Unit 27　電子メールの書き方

件名（subject）
RE: 会社説明会日程の問い合わせ

大阪体育大学体育学部
健康・スポーツマネジメント学科　大体太郎さま

浪商サービス株式会社人事部の村上佳代子と申します。

申し訳ありませんが、来年度新卒者向けの会社説明会を実施する予定は今のところありません。わが社では新卒一括採用を来年度より取りやめ、随時採用のみを実施することになっております。

なお、随時採用者の募集に関しましては、近くホームページにて案内する予定となっております。新卒・既卒に係わらず応募可能です。ぜひご応募下さい。

この度は、お問い合わせ頂き、ありがとうございました。

浪商サービス株式会社人事部
村上佳代子
abcdefg@example.com

…………
> 浪商サービス株式会社
> 人事部採用担当　村上佳代子様
>
> 大阪体育大学体育学部の大体太郎と申します。
>
> 本日は、貴社会社説明会の日程についてご連絡させ
> ていただきました。
> 日程がお決まりでしたらお教えいただけませんでし
> ょうか。
…

図 27-3　全文引用の例

件名（subject）
RE: 会社説明会日程の問い合わせ

大阪体育大学体育学部
健康・スポーツマネジメント学科　大体太郎さま

浪商サービス株式会社人事部の村上佳代子と申します。

> 日程がお決まりでしたらお教えいただけませんでし
> ょうか。

申し訳ありませんが、来年度新卒者向けの会社説明会を実施する予定は今のところありません。わが社では新卒一括採用を来年度より取りやめ、随時採用のみを実施することになっております。

> インターン募集の予定などがありましたら、ぜひと
> もお知らせいただけたらと思っています。

なお、随時採用者の募集に関しましては、近くホームページにて案内する予定となっております。新卒・既卒に係わらず応募可能です。ぜひご応募下さい。

この度は、お問い合わせ頂き、ありがとうございました。

浪商サービス株式会社人事部
村上佳代子
abcdefg@example.com

図 27-4　部分的な引用例

第5部
実　　　践

演習 01　文字の書き方

　実際の作文実習に入る前に、「書き方」について簡単に復習しておきたい。自分では大丈夫と思っている書き方が他の人から見ると問題であることが意外に多いからだ。とくに、次のような例に注意しよう。

❶ 癖のある字

[1] り（RI）とソ（SO）の区別がつかない

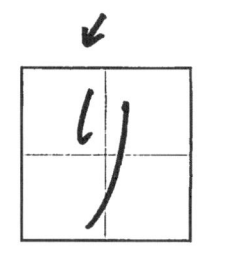

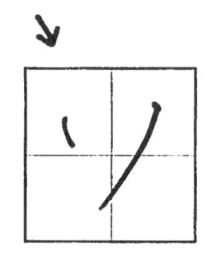

[2] シ（SHI）とツ（TSU）の区別がつかない

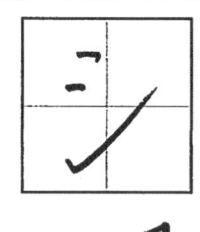

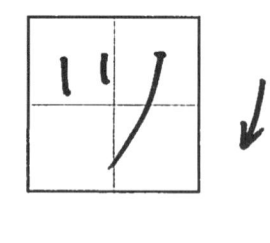

[3] とても小さい

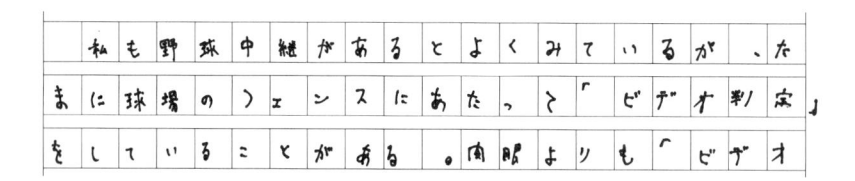

※句読点やかぎかっこの配置にも気をつける。横書きの時には左下に書く。かぎかっこは内側寄せでそれぞれ上方と下方に書く。

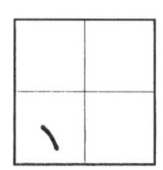

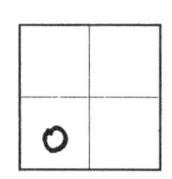

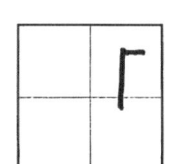

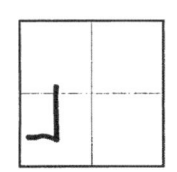

[4] トゲトゲしている

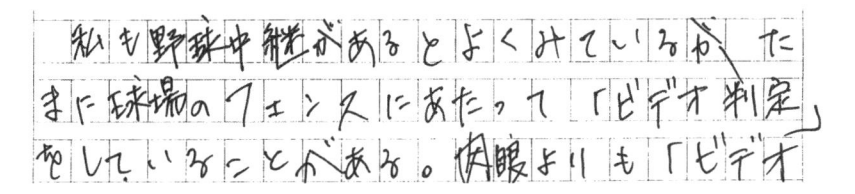

> 私も野球中継があるとよくみているが、た
> まに球場のフェンスにあたって「ビデオ判定」
> をしていることがある。肉眼よりも「ビデオ

このほか、丸文字やフニャフニャ文字なども印象が悪いので気をつけよう。

❷ 不正確な漢字

次のカタカナを正しい漢字で書けるだろうか。

　　田中祐二は私の幼い頃からの ① ＿トモダチ＿ で同じ野球部の仲間だ。私たちのいた山田中学では ② ＿セイト＿ と先生の関係は良好だった。野球部 ③ ＿コモン＿ の野村 ④ ＿カントク＿ を私たちは兄のように慕っていた。

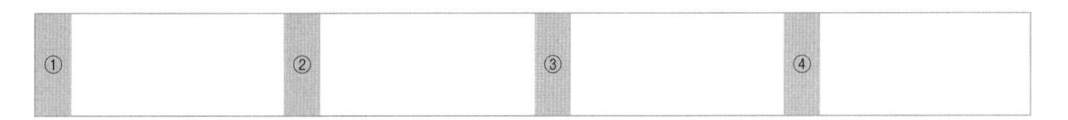

①	②	③	④

Column 22　文字の書き順

　文字の書き順に実は絶対的な決まりはない。漢字の筆順については 1958 年（昭和 33 年）に学校教育の現場で混乱がおきないように『筆順指導の手びき』（文部省編）が出された。しかし、この『手びき』には、この本に載っていない筆順が誤りであるわけではないということが明記されている。

　しかしながら、読みにくい字を書く人の手もとを見ていると、奇妙な筆順で書いていることが多いのも事実だ。定められた筆順は美しい字を書きやすい筆順でもある。まず、次の二つは大原則だ。

大原則 1　上から下に　　　　大原則 2　左から右に

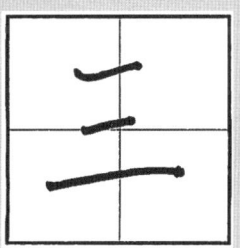

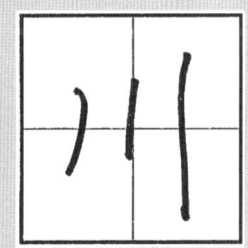

予習問題

次の原稿用紙の文例を見て、不適切な書き方をしている部分に波線を引きなさい。

```
　　　走れメロス
　　　　　　　　　　　　太宰　治
　メロスは激怒した。必ず、かの邪知暴虐の
王を除かなければならぬと決意した。メロス
には政治がわからぬ。メロスは、村の牧人で
あった。きょう未明メロスは村を出発し、野
を超え山を越え、十里はなれた此のツラクス
の市にやって来た。メロスには父も、母も無
い。女房も無い。十六の、内気な妹と二人暮し
だ。この妹は、村の或る律気な一牧人を、近
々、花婿として迎える事になっていた。結婚
式も間近なのである。メロスは、それゆえ、
花嫁の衣装やら祝宴の御馳走やらを買いに、
はるばる市にやって来たのだ。先ず、その品
々を買い集め、それから都の大路をぶらぶら
歩いた。メロスには竹の子の友があった。セ
ソヌンティウスである。今はこのソラクスの
市で、石工をしている。その友を、これから
訪ねてみるつもりなのだ。久しく逢わなかっ
```

ヒント1　「シラクス」は古代ギリシャの植民都市 Siracusa だといわれている。
ヒント2　『走れメロス』はメロスと幼なじみのセリヌンティウスの友情物語。

演習問題①

　あなたのそばにいる人はどのような人だろうか。インタビューして、紹介の文章を書いてみよう。聞き取った内容は下のメモ欄にメモすること。Unit 03 〜 05 を参照し、原稿用紙を適切に使いながら書きなさい（400字以内。常体で書くこと）。

メモ：

メモ：

演習 02　「書き言葉」と「話し言葉」

予習問題

次の文章の中で「書き言葉」として不適切な部分（12箇所）を例にならって二重線で修正し、適切な文章に直しなさい。

例　　柔道は危険だと聞いたが、彼は全然~~平気だった~~。
　　　　　　　　　　　　　　　　　　　気にしなかった

【問　題】

　学習指導要領の改訂は、2012年度から全ての中学生は柔道かダンスを必ず学ぶことになった。文部科学省のねらいは、武道を学ぶことによって「日本や郷土を愛する態度を育てる」ことです。武道には、剣道や相撲、空手などがあるが、道具がそろえやすいのは柔道だ。なので、柔道を教える学校が68％と一番多い。大人になっても趣味として楽しめるように色んなスポーツをさせるという目的だともゆう。

　僕は柔道を習ったことがないのでわかんないが、柔道は危険だとゆう意見もある。新聞には、1983年から2010年度の間に、39人の中学生が柔道中の事故が原因で亡くなったと書いてる。僕的には「マジ洒落にならん」と思ったが、文科省は授業で事故が起きる確率は低いと説明してる。

　事故はやむおえないことだったのだろうか。

演習問題②

次の新聞記事を読んで、「部活の企業委託」についてあなたの意見を書きなさい。読む際には、大切だと思う箇所に線を引きながら読み、本文中の語句やそれによってあなたが思いついたことなどを次頁のメモ欄にメモしなさい。その後、与えられた出だし部分の空欄を埋め、記事を適切に引用しながら作文をしなさい。Unit 03～15 を参照すること（800字以内）。

2012年（平成24年）9月26日　水曜日　朝日新聞

教育

部活の企業委託　手探り

杉並・和田中　休日練習を公開

部活動の休日の練習を企業派遣のコーチに委託し、家庭が生徒1人1回500円を払う。そんな試みを東京都杉並区立和田中学校（代田昭久校長）が始めた。休日練習のなり手が不足する中、顧問の教員がいなくても土日に練習できる。和田中は「部活イノベーション」と銘打ち、地域の住民や小学生にも公開。手探りの現場で参加者の声を聞いた。

運動場にサッカー部員が輪を作った。

「いいかい、この練習では何が一番大切？」

A コーチ（28）の問いかけに部員らは答えた。「声をかけあう」「アイコンタクト」

A コーチは、コーチを派遣するスポーツデータバンク（東京都中央区）の社員。豪州で指導法を学び、コーチ歴は7年。和田中とのかかわりは3年前にできた。サッカー部員だけでは成り立たない。外部指導者 ― 部の顧問の代役で顔を出した。

だが昨年、野球部も顧問の異動で休日問題に直面した。B 教諭（40）は、新たに顧問になった親の介護で土日の指導ができない。

「急場しのぎではなく、新たな仕組みが必要だ」と、代田校長が考えたのが部活イノベーション。土日の練習を学校の教育活動と切り離し、各部の保護者会と企業が契約を結ぶ。技術指導だけでなく安全管理まで任せるため、顧問が出る必要もない ― 。

6月に運用を始め、九つの運動部のうち六つの部が、同社とリーフラス（東京都中央区）のどちらかと契約した。

教諭は言う。「野球部の保護者会で土日の練習に付き添えないと説明すると、雰囲気が一瞬、冷ややかになった。この仕組みだと誰が顧問でも活動は保証できる」。サッカー部顧問の校長が顧問の知人を介して同社の存在を知り、有料でコーチを派遣してもらうことにした。部活動の安全管理のため顧問の参加が欠かせず、外部指導者 ― が出たが、当時の顧問教諭は休日を部活に使えなかった。

うまくなった ■ 500円は安い ■ お金で解決、複雑

C 教諭（23）も「プロのコーチの指導を、平日の練習にも還元できる」と利点を語る。生徒や親はどうなるか。

バドミントン部の2年生 D君（13）は「専門的な練習ができ、うまくなった」と言われる。テニス部の1年生 E さん（13）は「試合形式の練習とかメニューが増えてうれしい」。

保護者の会の役員会が学校側から説明を受けたのは4月。「バスケットボール部保護者会」は6月。「お試しで指導を見たい」と企業側に要請。実際に見た後で契約した。「さすがプロ。集中力を切らさない指導だと感じた」と保護者の一人は言う。

「500円は安い」と言うのはサッカー部の1年生の保護者。「小学校では毎週土日にクラブに通っていた。週末に練習がないと違和感がある。家にいられても困る」。別の保護者は「個人的には月4回2千円までなら大丈夫」。

一方、自分が中高生だったころと比べて少額でも「ペイしない」「私たちのころの部活をするのは当たり前だった」「週末にもサッカー部の1年生の保護者。本音を言えば顧問の先生にやってほしいが、無理にはお願いできない」

G さん。リーフラス広報担当のサッカー部員役員の石塚大輔さんは「部活動の顧問不足は多くの学校の悩み。私学も含めて展開したい」

両社とも「ペイしない」が、スポーツデータバンク執行役員の石塚大輔さんは「部活動顧問不足の先生に気兼ねなく指導ができ、集団行動やチームワークも学べると知ってもらうことができれば」と話す。

「500円と聞きしっかり指導してくれるんだな」と。そういう時代なんだなと、小学生の母も話す。「小学生の指導者たちは皆ボラン

（編集委員・氏岡真弓、志賀英樹）

企業も連携検討

部活イノベーションは、委託された両社にとっても、初めての試み。派遣されるコーチが意識するのは、平日の部活との連携。バスケットボール部担当の F さん（28）は「戦術指導は顧問の先生に任せ、ドリブル、シュート、パスの基本練習を担当している」と話す。

スポーツデータバンクは小中学生向けのスポーツスクールの企画を提案し、講師を送っている。リーフラスは3歳から小学生を中心に約3万人にサッカースクールで教えている。

🔑 外部指導者
部活動で顧問の教員を助け、専門的な指導をする人。地域住民や保護者、学生らが担う。学校が個別に依頼するほか、自治体が登録して派遣する場合もある。日本中学校体育連盟の調査では、2001年度は約1万6千人だったが、11年度は約3万人と倍増している。

■和田中運動部の部活イノベーション導入状況

部活	導入	備考
バスケットボール（男女）	○	イノベーション以外の休日も顧問が指導
サッカー（男子）	○	3年前から先行して企業コーチを導入
野球（男子）	○	卒業生が監督を務め、企業コーチが支援
卓球（男女）	×	競技経験のある顧問が休日の練習も行う
バドミントン（男女）	○	平日練習も企業コーチが部活日誌で助言
剣道（男女）	○	企業コーチが地域や外部指導者とも連携
テニス（女子）	○	ベテラン外部指導者と企業コーチが分業
ダンス（女子）	○	活動するのは土、日曜を除く週1回程度
ゴルフ（男女）	×	週に2回、ゴルフ練習場などでレッスン

図 演習2-1 「部活の企業委託　手探り」（2012年9月26日『朝日新聞』）

出だし部分

　部活動を企業委託している中学があるという。2012年9月26日の『□□新聞』によれば、杉並区和田中学校では土日の部活動の「安全管理まで任せるため、□□□□□□□□□」とある。はたして本当に教員が部活動を指導しなくてもよいのだろうか。

メモ：

演習 03　3部構成の作り方

演習問題③

　次の文章を読んで、「電車内のベビーカー取り扱いのルール」についてあなたの意見を書きなさい。読むときには、大切だと思う箇所に線を引きながら読み、本文中の語句やそれによってあなたが思いついたことなどを下記のメモ欄にメモしなさい。その後、次の指示に従いながら、3部構成で作文をしなさい。Unit 03 〜 22 を参照すること（800字以内）。

①最初の段落（序論）では、疑問の形で問題提起を行いなさい（約100字で）。
　※思い浮かばない場合は、次の問題提起を使いなさい。
　●電車内でのベビーカー利用時の統一ルールを国土交通省が定める必要はあるのだろうか。
②次の段落（本論）では、自分の考えと根拠（理由）を、次のパターンを使って書きなさい（約200〜300字で）。
　●私は……と考える。なぜなら……からだ。
③その次の段落（本論の続き）では、自分とは違う考えと、それに対する反論を、次のパターンで書きなさい（約200〜300字で）。
　●確かに……（自分とは違う考え）……。しかし、……（反論）……。
　※③は、難しい人は省略して、自分の考えの根拠（理由）の続きを書いてもかまわない。
④最後の段落（結論）では、ここまでのまとめを書き、提起した問題の解答を、次のパターンで書きなさい（約100字で）。
　●したがって、私は……と考える。

メモ：

車内ベビーカー利用ルール

「摩擦」解消 お上が必要？

乗客「邪魔な存在」にも
家族 使わざるを得ない

国土交通省が、電車内でのベビーカーの利用者と他の乗客との「摩擦」を解消するのだという。これによって、ベビーカーの利用者と他の乗客との統一ルール制定に乗り出した。確かに、国がルールを決め、すっきりさせようという考えも分からないではない。しかし、お互いの配慮で解決できないほど深刻な問題なのか。（中山洋子、小倉貞俊）

「ベビーカーは、混雑した電車内で二、三人分の空間を取ってしまう。肩身が狭いです」。四歳と一歳半の息子がいる川崎市の主婦仁野玲菜さん(36)はこう語った。

通院などでやむを得ずラッシュ時にも利用することもあるといい、通勤客らから迷惑がられることもしばしば。「何でわざわざこんな時間に、と思われても仕方ないですが」。そうかといって、ベビーカーを折り畳むとなると「子どもたちが自分から離れてしまい、逆に危険です」。持ち込むのは申し訳ないと思う一方、どうして白い目で見られなければいけないのか。気持ちは複雑だ。

一方、電車内で自分の背後から降りようとするベビーカーに足を強打されたことのある東京都板橋区の男性会社員(36)。「ひとこと声を掛けてくれればいいのに」「子どもがいるんだから仕方ないでしょ」と言わんばかりの振る舞いだった、と不快さを隠さない。

ベビーカー利用者とそれ以外の乗客との「戦い」。これをなんとかしようというのが、国交省が着手した、ベビーカー利用時の統一ルール制定だ。厚生労働、経済産業両省と鉄道やバスなど交通事業者、子育て支援に関わる民間団体などに呼び掛け、協議会を設置する。

協議会では、鉄道会社などのこれまでの取り組みやベビーカー利用の実態を踏まえて統一ルールをまとめ、ベビーカーの優先に配慮を求める。鉄道会社に対し、車内の優先スペース増設なども求めていくという。

鉄道会社などはこれまでも、マナーの啓発や事故防止のための注意喚起を行ってきた。車内でベビーカーマークの統一化も検討。ベビーカー利用者の統一ルールが動かないようにする車輪止めの使用、車両備え付けのベルトでの固定のほか、混雑時にはベビーカーを折り畳むよう促している。

> ベビーカーを押して電車に乗り込む母親＝東京都内で（本文とは関係ありません）

利用者と非利用者の間によって利用者と非利用者の「すみ分け」が進めば対立解消につながるかもしれないが、統一ルールを決めても、即効性があるかどうか。「対立」の最大の原因は、利用者と非利用者の相手に対する無理解、配慮不足という感情面にある。

非利用者の中には、ベビーカーを「理解はするが、邪魔な存在」と考える向きもある。逆に利用者は、当然の、あるいはやむを得ないベビーカー使用なのに「なぜ、周囲から理解されないのか」と考える。立場の違いによる「感情のねじれ」であり、ルールを強制しても双方に「しこり」は残るのではないか。

図 演習3-1 「車内ベビーカー利用ルール」（2013年5月23日『中日新聞』より一部抜粋）

演習 04　手紙の書き方

演習問題④

　あなたが小中高で教わってきた先生の誰かに近況を知らせる手紙を書きなさい。手紙は、目上の人に出す手紙のルールに従って書きなさい。Unit 23 〜 27 を参照すること。

あとがき

　本書『大学1年生のための日本語技法』は、大阪体育大学の「日本語技法」という授業用のテキストとして作成されたものを、一般向けの刊行物として公にしたものである。ついては、「日本語技法」とテキストとの発展の過程をここに紹介することは、あながち無駄ではあるまい。

　大阪体育大学では、2006年度に、体育学部1回生（関西では、1年生ではなく1回生と言うのが普通）全員を対象とした必修科目「日本語技法」が開設された。当時は、担当教員3名で、それぞれ学生100名以上を受け持つというハードな状況であった。教員共通の授業のメソッドや評価基準がない状態でスタートしたが、2007年度以降、「日本語技法」の担当教員として新たに加わってきた人々との意見交換のうちに、徐々に、「日本語技法」の到達目標・メソッド・評価基準などが整っていった。

　大阪体育大学の学生の多くは、中学校・高等学校の保健体育教師、または、警察官・刑務官・消防吏員などの公務員を志望している。その採用試験の論作文を視野に置いて、自分の主張を論理立てて書けるようになることが、到達目標となった。

　次に、授業のメソッドについてだ。作文・小論文の評価が難しいのは、内容と形式とのどちらに重点を置くかが決めがたいからだ。大阪体育大学では、形式に重点を置くことになった。たとえ、学生の心のうちに書き表したいことが沸々としていたとしても、実際に文章にするときは「その心余りて言葉足らず」となってしまいがちだ。もっとも、この心配はごく少数の学生の場合にしか必要ではない。書き表したいことがない学生が、作文・小論文を無理やり引き伸ばして、要求された字数を埋めた場合が、教員にとっての最大の懸案となる。この際の指導は、教員と学生とのコミュニケーション如何によっては、単なる徒労に終わる恐れが多分にある。座学より実技重視の学生の場合は、なおさらだ。それならば、原稿用紙の使い方や呼応表現、引用・要約、3部構成の方法などの形式面を徹底的に叩き込むほうが効率的だろうと、教員たちは、判断したのだ。

　本テキストの土台となった『大阪体育大学・日本語技法テキスト』がユニット制になったのは、2011年度からであった。「日本語技法」

あとがき

　以前、2005年度まで開設されていた選択科目「国語表現法」用に長尾佳代子教授が作成したテキストが、2007年度から2010年度まで、若干の修正を加えられながら、「日本語技法」共通のテキストとして用いられた。このテキストは、授業1回につき1講という割り振りだった。そのため、テキストで扱う事項が限られてしまい、せっかく学生たちを習熟度別クラスに割り振りしても、必ずしも効果が上がらないという憾みがあった。特に、上位クラスでは、これは徹底させねばならないという重要ポイントを板書で説明することになってしまっていた（実技や部活動中心で過ごしてきた学生の多くは、板書をノートに写すという習慣がないにもかかわらず）。2011年度から、テキストをユニット制にすることにより、「授業で、ユニット○○まで進んだ。ここまでで書かれている事項によれば、こことここが間違っている。だから、今回の作文（小論文）は○点だ」と、（大阪体育大学生のような、競技における、数字による評価に慣れている学生たちには）明快な形で、指導することが可能になった。従って、このテキストは、大阪体育大学の学生たちにとっては、「日本語技法」のテキストであると同時にルールブックなのである。

　通常、大学の非常勤講師というものは、常勤の教員たちの下請けの形で授業を受け持つ。常勤の教員たちが定めた大枠の中で、彼らに指定され準備された授業をこなせば事足りる。ところが、大阪体育大学の「日本語技法」など初年次必修授業の場合は、非常勤講師たちが、習熟度別クラスの人員割り振り、各クラスの単位認定基準の詳細設定、各回の授業の資料作成などに大きく関わる。常勤教員たちにうまく使われているといってしまえばそれまでだが、面白い体験ができていることも事実である。以下に、「日本語技法」を担当した諸氏を紹介するが、非常勤講師も列挙しているのは、このような事情があるからである。

　常勤教員：上谷浩一、加藤良徳、工藤俊郎、堤裕之、中村健、廣岡昌子、吉沢一也、若木常佳
　非常勤講師：北澤正憲、辻内宣博、礪波美和子、服部温子、比嘉舞、福田宗太郎、正木喜勝、的場美帆、吉川望
　（50音順、敬称略）

非常勤講師諸氏の中でも特筆すべき人々として、礪波・辻内両氏を紹介する。礪波氏は、2007年度以来、「日本語技法」授業運営の基礎を築き、その後新規採用の講師たちの懸念は著しく少なくなった。また、辻内氏は、2011年度以来、大阪体育大学内の私家版テキストの版組・校正に一方ならぬ尽力をした。両氏の貢献なしには、本テキストはありえない。

　本テキストの成立には、Column 9 を中心として、常勤教員であるジュリアン＝ウェイン准教授からの助言があった。また、活字ばかりのテキストでは、ともすれば睡魔に誘われがちな大阪体育大学の学生たちのため、長尾教授の旧友であるイタダカヲル氏による漫画や挿絵が加えられている。

　イタダ氏の漫画に関連して、大阪体育大学のマスコットキャラクターであるボーシャー君を紹介する。大阪体育大学の英語名は Osaka University of Health and Sport Sciences（略称 OUHS）、現所在地は大阪府泉南郡「熊」取町（BEAR）、両者を組み合わせた結果、誕生したのが BOUHSEAR 君である（やや苦しい感もあるが）。熊だからだろう、普段はルパシカを着て、OUHS と書かれた旗を持ち、大体大の広報活動に努めているが、このテキストでは、大体大生らしくジャージー姿で「日本語技法」の授業に出席している。本当は、テキスト内でもっと活躍してもらいたいところだが、イタダ氏のスケジュールの都合で、現在のところは叶わない。

　筆者は、非常勤講師ながら「日本語技法」開設以来のメンバーで、最も多くのコマ数を持ち、最も多くの学生を担当して、馬齢を重ねてきた。一応、このテキストが完成するまでの経緯を述べる資格があるかと思い、駄文を付け加える次第である。

2015年3月
村上昌孝

97

索　引

ア行

『RFC1855』　74
後付け　70
アラビア数字　11
暗号化　75

意　3
言い換え　50
イタリック化　67
意味のまとまり　40
因果関係　54
インターネット　75
引用　ii, 29
　　――部分　29
　　――元　29
　　全文――　79
　　長い――　31
　　必要最小限の――　31
　　部分的な――　79
引用と自分の意見の区別　35

英語論文で使う符号　28
AA　77
エクスクラメーションポイント　28
絵文字　75, 77

カ行

改行の無いメール　76
解像度　76
改段落　40
顔文字　77
書き言葉　16, 51
学習　4, 5
学問　2, 3, 4, 5
仮説　5
かっこ　25
　　かぎ――　25
　　とじ――　10
　　にじゅうかぎ――　26
環境依存文字　67
感じる　19

漢数字　11
感想文　5

機種依存文字　75
逆説　50
客観的事実　54, 55
禁則　71

クェスチョンマーク　28
くぎり符号　24
『くぎり符号の使い方（案）』　24
句点　24
句読点　10
繰り返し符号　10

敬語　61
　　――動詞　63
　　――についての考え方　59
　　――の選び方　60
　　――の仕組み　60
　　――の使い方　60
　　――表現　58
「敬語の指針」　58, 59
敬称略　63
敬体　14
携帯メール　77
結論　42, 43
言語　58
原稿用紙　10
　　――の起源　10
謙譲語Ⅰ　60
謙譲語Ⅱ　60
原資料　36

高等教育　4
高度職業人　2
公務員　94
合理的　29
国語教科書　58
答え　5
コピーアンドペースト（コピペ）　ii, 36

コロン　28
根拠　54
根拠への反論　53

サ行

雑誌　37
参考資料　37, 48
参考文献表　37
3点リーダー　28

氏　63
CC　76
自我同一性　2
時候の挨拶　72
字下げ　66
zip形式　76
実例の提示　53
主語　20, 21
主張　5
述語　20, 21
主文　70
順接　50
情　3
常体　14
譲歩　50
省略　17
小論文　5
書籍　37
初等教育　4
序論　42
資料　29
人格　2, 3
シングルクォーテーションマーク　27, 28
人物の名前　17
新聞　37

数字　11
スパムメール　74
スペース　67

接続語　50

索引

　　代表的な―― 50
説得力 55
セミコロン 28
全角英数字 75
先生 63
前文 69
全文引用 79

双括式 48
添え文 70
尊敬語 60
尊属名詞 64

タ行
対応させて使う言葉 23
大学 2, 4
体言止め 15
代表的な接続語 50
だから 17
ダブルクォーテーションマーク
　　27, 28
段落 40, 66
　　――分け 40
　　改―― 40

知 3
チェーン・メール 75
注 37
中等教育 4
中略 32
長音符 10

通信文 69

DTP 68
丁寧語 60
テーマ 48
手紙 69
　　――を書くための要点 69
デメリット 48
電子的に作成した活字文書の特
　　徴 65
電子メール 74, 75, 76

　　――の書き方 77
　　――の文例 78
　　――のマナー 74
添付ファイル 76
電報 69

問う（問い） 5
読点 24
読書 8
とじかっこ 10
長い引用 31

ナ行
なかてん 25
なぜなら 22

にじゅうかぎかっこ 26
2倍ダッシュ 28
日本語の規則 65
日本語文章 4
人間形成 2

ハ行
はがき 69
葉書の文面例 73
話し言葉 16, 18, 51
半角 67

BCC 76
PDF 68
美化語 60
筆順 83
必要最小限の引用 31
剽窃 29
便箋 71

フォント 67, 68
符号 27
不必要な部分 32
部分的な引用 79
文化審議会 58
文章の構成 42
文のねじれ 23

文末表現 15

並列 50

報告文 5
ホームページ 37
本論 42, 53

マ行
身内 62

メーリングリスト 76
メール → 電子メール
メモ 48
　　――の取り方 48
メリット 48

（文字の）書き方 82
問題提起 43, 48, 52

ヤ行
用紙 10
様式 10
要約 29, 33, 34
　　――元 34
読み手 61
読む人 8

ラ行
理由 50
理由の述べ方（根拠の述べ方）
　　53
履歴書 66

例示 50
レポート 5, 19, 42, 52

論文 5, 6, 19, 42, 52

ワ行
ワープロ 65
　　――ソフト 68

著者紹介（執筆順、＊は編者）

長尾佳代子＊（ながお かよこ）
大阪体育大学教養教育センター教授。京都大学大学院文学研究科博士課程梵語学梵文学専攻修了。博士（文学）。
担当：まえがき、Unit 3-7、10-11、16、19-24、Column 1-2、4-5、8-9、13、15、20、22、演習

工藤俊郎（くどう としお）
大阪体育大学教養教育センター教授。京都大学大学院文学研究科心理学専攻修士課程修了。
担当：Unit：1-2

辻内宣博（つじうち のぶひろ）
東洋大学文学部准教授。京都大学大学院文学研究科博士課程西洋哲学史専攻修了。博士（文学）。
担当：Unit：8-9

村上昌孝＊（むらかみ まさたか）
大阪体育大学、大谷大学講師。京都大学大学院文学研究科博士課程梵語学梵文学専攻修了。博士（文学）。
担当：Unit：12-15、17-18、Column：3、6-7、10-12、13（補足）、14、17、あとがき

北澤正憲（きたざわ まさのり）
元大阪体育大学講師、和歌山県立紀北工業高校校長。國學院大學文学部日本文学科卒業。
担当：Unit：26、Column：16、18-19、21

堤　裕之（つつみ ひろゆき）
大阪体育大学教養教育センター准教授。九州大学大学院数理学研究科博士後期課程中退。数理学博士。
担当：Unit：25、27

イタダカヲル
（挿絵・４コマ漫画）

大学１年生のための日本語技法

2015 年 4 月 30 日　初版第 1 刷発行
2025 年 3 月 30 日　初版第 9 刷発行
（定価はカヴァーに表示してあります）

編　者　長尾佳代子
　　　　村上昌孝
発行者　中西　良
発行所　株式会社ナカニシヤ出版
〒606-8161　京都市左京区一乗寺木ノ本町 15 番地
Telephone　075-723-0111
Facsimile　075-723-0095
Website　http://www.nakanishiya.co.jp/
E-mail　iihon-ippai@nakanishiya.co.jp
郵便振替　01030-0-13128

装幀＝白沢　正／印刷・製本＝ファインワークス
Copyright © 2015 by K. Nagao & M. Murakami
Printed in Japan.
ISBN978-4-7795-0902-5

本書のコピー，スキャン，デジタル化等の無断複製は著作権法上の例外を除き禁じられています。本書を代行業者等の第三者に依頼してスキャンやデジタル化することはたとえ個人や家庭内での利用であっても著作権法上認められていません。

ナカニシヤ出版 ◇ 書籍のご案内

3訂 大学 学びのことはじめ
初年次セミナーワークブック

佐藤智明・矢島 彰・山本明志 編

学生の間に身につけたいキャンパスライフ、スタディスキルズ、キャリアデザインの基礎リテラシーをカバー。ベストセラーテキストをスマートメディアを活用できるようリフレッシュ。提出や再構成できる切り取りミシン目入り。ルビ入り。 1900円+税

大学1年生からのコミュニケーション入門

中野美香 著

充実した議論へと読者を誘う平易なテキストと豊富なグループワーク課題を通じ企業が採用選考時に最も重視している「コミュニケーション能力」を磨く。キャリア教育に最適なコミュニケーションテキストの決定版。 1900円+税

学生のための学び入門
ヒト・テクストとの対話からはじめよう

牧 恵子 著

「何かな？」という好奇心に導かれた「対話」から、新たな気づきは訪れます。その気づきを「書くこと」で、確かなものにしていきませんか。「インタビュー」「2冊を比較する読書レポート」など工夫を凝らした初年次テキスト。 1800円+税

大学生からのプレゼンテーション入門

中野美香 著

現代社会で欠かせないプレゼンテーション――本書では書き込みシートを使って、プレゼン能力とプレゼンをマネジメントする力をみがき段階的にスキルを発展。大学生のみならず高校生・社会人にも絶好の入門書！ 1900円+税

理工系学生のための大学入門
アカデミック・リテラシーを学ぼう！

金田 徹・長谷川裕一 編

理工系学生のための初年次教育用テキスト。大学生としてキャンパスライフをエンジョイする心得を身につけ、アカデミック・ライティングやテクニカル・ライティング、プレゼンテーションなどのリテラシーをみがこう！ 1800円+税

大学生活を楽しむ護心術
初年次教育ガイドブック

宇田 光 著

簡単に騙されない大学生になるために！クリティカルシンキングをみがきながらアカデミックリテラシーを身につけよう。大学での学び方と護心術としてのクリティカルシンキングを学ぶ、コンパクトな初年次教育ガイド！ 1600円+税

大学生と大学院生のためのレポート・論文の書き方［第2版］

吉田健正 著

文章の基本から論文の構成、引用の仕方まで懇切丁寧に指導する大学生・大学院生必携の書。第2版では、インターネット時代の情報検索にも対応。 1500円+税

大学生のリスク・マネジメント

吉川肇子・杉浦淳吉・西田公昭 編

リスク対策を万全に、実りある大学生活を！大学は楽しいところだが、危ういところもある。ネットやカルト、健康、お金――リスクについての知識を得て、自分で考える力を身につけ存分に学べば、人生はこんなに楽しい！ 1700円+税

学びのデザインノート
MH式ポートフォリオ 大学英語学習者用

村上裕美 著

英語がなかなか身につかないのはなぜ？学習効果を上げるために自分を正確に分析して弱点を見つけよう！個々人の学習目標に合わせてその成果を確認しながら、英語力を高める工夫が施された英語学習の自己管理帳。 1800円+税

わたしのキャリア・デザイン
社会・組織・個人

加藤容子・小倉祥子・三宅美樹 著

社会・組織・個人の観点から生き方を考えよう。労働にまつわる社会状況や心理学理論の解説から社会・組織・個人の視点を身につけ自分の生き方の主体的なデザインを目指す。 2200円+税

教養としての数学

堤 裕之 編／畔津憲司・岡谷良二 著

高校1年次までに学ぶ数学を大学生の視点で見直すと？さまざまな計算技法、数学用語、数学記号を丁寧に解説。就職・資格試験の類題を含む豊富で多様な練習問題を通して学ぶ全大学生のための数学教科書。 2000円+税

大学生のためのデザイニングキャリア

渡辺三枝子・五十嵐浩也・田中勝男・高野澤勝美 著

就活生も新入生も、本書のワークにチャレンジすれば、大学生活の宝を活かして、自分の未来がきっと開ける！大学4年間に丁寧に寄り添うワークが導く、いつだって遅くない、自分の人生と向き合う思索のススメ。 2000円+税

※表示価格は本体価格です。